史上最強の哲学入門 東洋の哲人たち

THE SUPER GUIDE TO PHILOSOPHY

〔日〕饮茶——著

丁丁虫——译

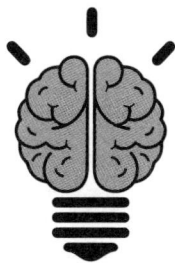

了不起的哲学家²

东方篇

北京联合出版公司
Beijing United Publishing Co.,Ltd.

只 为 优 质 阅 读

好
读

Goodreads

前　言

我们抵达真理了

　　"希望您能给想要学习东方哲学的读者写一本东方哲学入门书，归纳整理印度、中国、日本哲学的'源流和重点'，让读者能够轻松阅读。"

　　收到这个委托的时候，我一开始想的是：

　　"东方哲学入门书……这不是书店哲学区常见的图书吗？就是介绍释迦牟尼、老子他们对人生有所助益的语录吧，很快就能完成。"

　　我确实这么认为。

　　一旦真正动笔的时候，却是一连串的问题。

　　"诸行无常。有形体的东西必定会损坏，执着于此的人必定会受苦。"

　　"无为自然。不要为了做而去做，事情反而会比较顺利。"

　　即使用通俗易懂的文字表达东方哲学中诸如此类的基本概念，我还是觉得不是很贴切。所谓东方哲学家，基本上都是在什么都不曾交代的情况下，断然给出结论。因此，我如果写这样的东西来介绍他们的哲学，大概只会含糊其词写一些"人生哲言"或者"生活技巧"之类的东西，比如"伟大的某某曾经说过这样的话……你觉得如何？意识到也可以从这种角度看待事物，是不是会突然轻松许多？"

我并不认为这些内容能在现实生活中生效，如果照这样写下去，最后只会变成书店角落里常见的所谓"教导人生哲理的常规入门书"。

不，这可不行。难得有这样的机会，我应该力争写出一本"史上最强的东方哲学入门书"，表达出东方哲学的精髓、本质与核心。

那么，该怎么办呢？目前出版的东方哲学入门书，存在哪些不足呢？为了寻找答案，我在菩提树下苦苦思索的时候，突然像是顿悟一般，一个天才的念头闯进我的脑海：对了！就是"刃牙"度不够！

我觉得应该没人不知道"刃牙"，不过以防万一还是做个说明。"刃牙"是以《格斗刃牙》为开篇的格斗题材漫画系列作品。在"刃牙"中，有五个"穷凶极恶的死刑犯"，生平从没有输过。因为感到世上没有人比自己更强了，所以绝望得主动来到监狱里坐牢。

他们甚至宣称："我想知道失败是什么滋味。如果真有失败的话，我很想体会体会。"他们坚信自己是地球上最强的人。

这种"穷凶极恶的死刑犯"的角色设定，极富冲击力。

另一方面，伟大的东方哲学家也都是这样的。

"我悟出了真理，抵达了真理的境界！"

怎么会呢？西方哲学家在长达两千五百年的时间里，为了追求"真理"而艰难战斗，依然没能抵达"真理"的境界，东方哲学家却一口咬定自己"抵达真理了"？！

说到东方哲学家，我们脑海中浮现出的印象大约是和蔼可亲、性格敦厚的人吧。但是，他们丝毫不怀疑自己的哲学，宣称它是"真理"（最强），因而在一般人眼中，他们应该像怪物一样，不管谁看到他们，就会赶紧逃走吧？如果他们遇到宣扬"无知之知"的苏格拉底，也许会表情狰狞地说："什么叫无知？"

另外还有一件事。在"刃牙"中，那五名穷凶极恶的死刑犯，就像是受到某种神秘的召唤一样，不断向东，最后来到日本，遇到了"刃牙"这个最强的人物。不可思议的是，号称史上最强的东方哲学，同样也不断向东传承。像古代的印度哲学、佛教、老庄思想等各种东方哲学，都在向东发展，最后抵达极东的日本。

"共时性——看似彼此隔离、没有关联的物质、生命乃至思想，在全球范围同时发生相同的变化。"

桀骜不驯、宣称已经抵达真理境界的东方哲学，不约而同地向东而来，最终会聚到日本。

我们应当了解其背后的真意！

东方哲学为什么要向东而来？

这还用说吗？

当然是为了和你（读者）相会啊！

了不起的哲学家2之东方篇——开始！

目录

何谓东方哲学？（3）

　　——东方哲学是"谎言"

第三章 日本哲学 禅的真理

何谓东方哲学？(1)

——东方哲学是"金字塔"

何谓东方哲学？

首先需要声明的是，不要以为读过这本书就算理解东方哲学了。这并不是因为我写的是一本入门书。就算你耗费几万小时，阅读好几百万字的正统哲学专业书，情况也是一样。你只会了解到"东方哲学不可理解"这一点，就像众所周知在地球这个行星上没有什么比天空更高一样。

相对而言，西方哲学是我们可以理解的。当然，通常来说，西方哲学也带有"难以理解"的形象，但那只是"难以理解"，不是"无法理解"。即使某种西方哲学复杂难懂，但大抵还是通过逻辑（人类可以共同理解的思维方式）建立起来的体系。不论是谁，只要花费充分的时间和精力刻苦学习，应该都能有所理解。

然而东方哲学并非如此。不管花费多少时间和精力去学习，结果都是一样。不，或许应该说，花费在学习上的时间和精力越多，距离"理解"就越远。如果你看过本书中接下来要讲述的东方哲学内容，然后认为"我理解了东方哲学"，那可以说是个奇迹。东方哲学这个东西，绝不是能通过"学习"去理解的。

为什么东方哲学不可理解？要理解这一点，首先需要知道，东方哲学与可以理解的西方哲学之间，究竟有什么不同。

西方哲学是"过程"

在公元前500年左右，由泰勒斯和苏格拉底开始的西方哲学，本质上是以无知为前提的。

"我们此刻生活的这个世界，究竟是什么？"

"是否存在绝对正确的事物？"

对于这些根本性的问题，没有任何西方哲学家能够回答出"真相"（真理）。所有西方哲学家对真理都同样"无知"。当然，和人类相比，"真理"可以说是无法捉摸的东西，也难怪西方哲学家如此表现。

不过，西方哲学家绝不会就此在这场毫无希望的战争中屈服。他们意识到自己的"无知"（自己不懂真理，真理遥不可及），反而激发出一股热情，"总有一天，我一定会找到真理！"于是，在这股热情的驱使下，他们倾注自己的一生，思考，思考，再思考。

在这样思考的最后，诞生出的就是西方哲学。在每一种西方哲学诞生的当时，它都是最有力、最出色的思想体系，它会席卷全世界，对国家、文化和学问产生莫大影响。

不过，西方哲学与"真理"的最终境界，终究还是相差太远。所以这些西方哲学家都把找到真理的远大志向托付给后世，换句话说，尽管今生无法实现找到真理的目标，他们也会写下自己的哲学，留给下一个世代，期盼他们完成自己的心愿。然而，下一个世代的人，并没有去完善上一代的哲学，更没有在全世界推销说"这是非常伟大的哲学"，而是采取完全相反的行动，将前人交给自己的哲学"彻底摧毁"。

后世的人不去崇拜前人提出的哲学，而是反复质疑，彻底摧毁。这是因为，如果满足于前人的哲学，止步不前，追求真理的行动就不会再有任何进展。就像不论如何伟大的父亲，总有一天要被孩子超越一样，不论如何伟大的哲学家，总有一天也要被后世的人超越。他们必须推翻前人的哲学，提出足以将之摧毁的"更加强大的哲学"。

这个道理，不仅适用于西方哲学，更适用于一切学问。

我们为什么要上小学、初中、高中，再艰苦备考，进入大学继续学习，最后还要完成毕业论文呢？这是因为前人在辞世之际交出了接力棒，我们必须认真接过它，往前再进一步，交给下一代。哪怕只能往前走小小的一步。

我们要在学问这场战争中留下历史的足迹，刻下"我在这个时代生活过"的证明。正因如此，才会存在大学这种机构，我们才会想要进入大学学习。其实我们上大学绝不是为了找工作，因为在大学里学的知识，走上社会之后很少能用得上，不是吗？

假如要用一张图来表示西方哲学，应该会是下面这样的形式吧。也就是说，每一代都必须提出比前人更精彩的论点、更终极的真理，超越前人的见解，一步步向高处攀登。在长达两千五百年的时间里，无数先人一点点积累出了不起的学问，其结果就是西方哲学。

（不过进入现代以后，西方哲学开始产生怀疑，"所谓终极真理，真的存在吗？""人类一直在积累各种观点，以为自己正在逐渐靠近终极真理，但这会不会只是一种幻想？"可以说正处在转换期。不过站在历史的角度来看，这些都是很晚近的时期发生的事，因此从长远看来，依然可以认为，西方哲学是通过这种阶梯式的运动逐步成型的。）

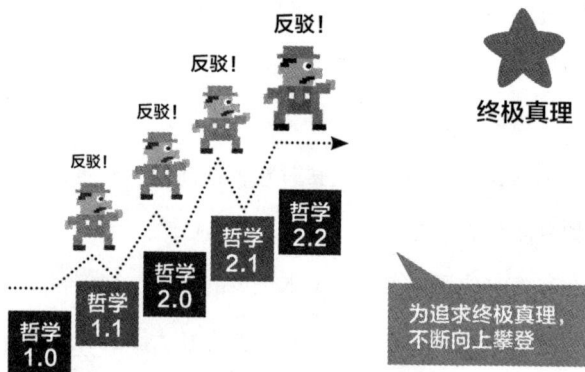

反驳！

反驳！

反驳！

反驳！

★
终极真理

哲学
1.0

哲学
1.1

哲学
2.0

哲学
2.1

哲学
2.2

为追求终极真理，
不断向上攀登

东方哲学是"金字塔"

相比之下，东方哲学的发展情况与西方哲学有着根本性的差异。东方哲学并不以"无知"为前提，而是"大言不惭"地如此宣称：

"我知晓真理、领悟真理，已经抵达真理的境界。"

这话真是一点也不谦虚，听起来似乎根本瞧不起一步步积累至今的西方哲学，也看不起他们那段用心钻研的历史。西方哲学耗费了漫长的两千五百年都未能抵达的境界，东方哲学却宣布说"我们早就抵达那一境界了"，简直像是在嘲笑前者一般。

东方哲学与西方哲学的根本差异就在于此。更明确地说，东方哲学并不是要"朝目标"（真理）前进，而是将"已经抵达目标"作为出发点。此外，在东方，后人对前人哲学的态度也和西方不同。继承东方哲学思想的后人，并不会热切地批判和摧毁前人的哲学，因为那些哲学早已抵达"目标"（真理）。既然如此，又有什么必要去否定它、创建新的哲学呢？

但是，在前人的哲学中，有时候确实会出现一些无法与现实情况调和的矛盾或问题，这时又该怎么办呢？后人会说"这里错了"，去改正前人的哲学吗？不会的。在这种时候，他们会认为"是我们的解释方式错了"，随后提出新的解释，并逐步发展出一套解释体系。

"释迦牟尼说的应该是这个意思吧。"

——> 产生解释A（宗派A）

"不对，那种解释会产生矛盾，所以应该是这样的解释。"

——> 产生解释B（宗派B）

"错了错了，他说的其实是这个意思。"

——> 产生解释C（宗派C）

所以，如果用一张图来表示东方哲学，大约是下面这种金字塔般的形式吧。

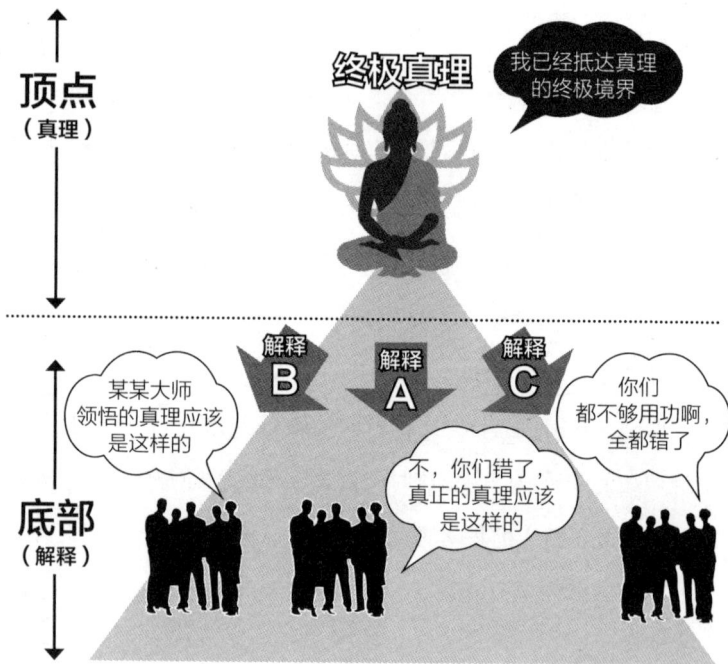

顶点
（真理）

终极真理

我已经抵达真理的终极境界

解释 B　　解释 A　　解释 C

某某大师领悟的真理应该是这样的

不，你们错了，真正的真理应该是这样的

你们都不够用功啊，全都错了

底部
（解释）

总而言之，东方哲学不像西方哲学那样，需要耗费漫长的时间和精力，日积月累，逐步接近真理，而是某天突然出现一个人，傲慢地断言"我已经抵达了真理的境界"，再由后人把他的话语或者思想整理成一门学问。正因为东方哲学具有这样的体系，所以后人会把身处金字塔顶端的东方哲学家视为伟人，并逐步给他们添加一些偏离现实的传说，于是东方哲学家也就成了众人崇敬的始祖，哲学也逐渐发展成为宗教。

　　其实，西方哲学与东方哲学之所以在理解上存在难度差异，原因就在于这些模式上的差异。通常而言，西方哲学虽然会给人一种"理论太过复杂，实在难以理解"的印象，但觉得西方哲学难以理解的人，往往只是因为想走捷径，试图从半路插入去理解，而不知道它是在漫长的历史中发展起来的阶段式学问。

　　比如，有一天你忽然想要研究哲学，于是顺手找来当下最流行的哲学家（譬如萨特或者尼采）的著作，结果发现自己完全看不懂，就连入门书籍也难以理解。这种情况应该很常见吧。

　　我们还可以用电视剧来打比方。就像你突然看到第十八集，当然会抱怨看不懂剧情。电视剧的第十八集，是以"第一集到第十七集"为前提拍摄的，你突然从第十八集开始看，怎么可能看懂呢？如果有个朋友对你说，"你不是说那部电视剧很好看吗？可是我从第十八集开始看，根本看不懂他们在演什么，我再也不要看了"，你一定很想告诉他，"你应该从第一集开始看啊！"，或者说，"至少你应该先看下故事大纲（哲学史），再跳到第十八集去看呀！"

反过来说，如果从第一集开始看起，回溯历史，依照"完整的剧情发展"（某位哲学家有过这样的想法，于是后人产生那样的想法），了解各时代的"问题"和"术语"，那么总有一天你会慢慢理解西方哲学，也能毫无障碍地阅读西方哲学书籍了。

所以说，许多认为"西方哲学很难理解"的人，仅仅是没有按步骤去理解西方哲学，没有明白如何从西方哲学中找到乐趣。

相反，金字塔形的东方哲学，就像是突然从最后一集开始播放的电视剧。它从"凶手就是他！"的结论讲起，把高潮作为起点，而且只播了这一集就结束，全然不提为何得出这样的结论，也不说明推理的依据和过程，仅仅告知一个结论，留下无数谜团，就此结束。

这种电视剧，当然是看不懂的，而且还带来了更大的问题。

电视剧放完之后，粉丝聚集到一起，开始漫长的讨论。市面上还不断出现解读这部电视剧的读本（如《某某之谜》《某某的秘密》之类），声称"应该是这样的缘故"，或者"不不，应该是这样才对"。诸如此类的解读书汗牛充栋，单凭一己之力根本无法一一阅读。而且由于这些读本都是作者的个人解读，无法保证它们和电视剧里想要表达的真实意图相一致，所以每本书的解读都不相同，读得越多，反而越感到困惑。

理解东方哲学时所遇到的困惑，就类似这样的情况。

像释迦牟尼或者老子这样伟大的东方哲学家，确实说过一些话，但大部分情况下，他们的话很短，又没有把自己的依据和思考的过程明明白白告知听众，所以后人只能从些许资料中推敲琢磨，"释迦牟尼找到的真理（开悟的境界）应该是这样的吧"。而每个人又有自己的解释，天长日久，解释的版本越来越多，更让人搞不明白哪个解释才对、哪个版本为真了。学得越多，越发困惑。

所以，东方哲学的入门书，只能说明各个宗派（解释）之间的微妙差异，或者泛泛地介绍许多术语，最终变成令人乏味的东西。即使写得再好，也只能流于表面，介绍一些像煞有介事的词句，譬如释迦牟尼的"消除执着，苦痛就会消失"，或者老子的"顺其自然，人生就会一切顺利"等。最多也就是在全书最后加上一句，"在纷争不断的竞争社会中经受苦难的现代人，如果能适时读一读东方哲学中的名言警句，令自己头脑清醒，将是有益的体验"，如此算是敷衍成书了。

不过这并不能责怪入门书的作者，也不能说是作者的能力不足。东方哲学本来就是金字塔结构的学问，只有身处金字塔顶端的人，才能说是真正了解东方哲学的人。所以，如果要写书，只能写成两种形式：一种如前者，泛泛介绍金字塔的庞大底部（各家宗派）的特点；另一种则如后者，仰视金字塔的顶端，先说一句"那不是我们所能抵达的境界"，再从赞美的安全角度加以点评。

无论这两种入门书中的哪一种，作者自己其实并不打算让读者理解东方哲学的本质。这是因为，任何一本入门书，必定都会在某处加上类似的一句：

"一切东方哲学（释迦牟尼的开悟、老子的道），必须要等真正抵达那个境界，才会真正领悟。仅靠文字是无法领会其真正意蕴的。"

书籍当然是由文字构成的。所以上面这句话就等于是作者一开始就宣布投降了，就像在说："你们就算读了这本书，也是不可能弄明白东方哲学的。"

不过话说回来，要理解东方哲学，确实也只有这样一个办法：自己成为"金字塔的顶点"（释迦牟尼和老子）。能够理解金字塔顶点的，原本也只有金字塔顶点而已。除此之外，别无他法。换言之，只有抵达释迦牟尼和老子那样的境界，能够自信地断言说"没错，我也明白真理了！"，这时候你才能说"我理解东方哲学了"。

东方哲学家，可以说是一群自称为史上最强的傲慢家伙。希望各位读者不要把他们视为高高在上的"神明"，以为他们是圣人，放弃理解、一味崇拜，而是把他们当作和自己一样的人，站起身来与之对抗，不但要抵达和他们一样的境界，也要用自己的双手打倒他们。

第一章

印度哲学
悟的真理

Truths of SATORI

古印度史上最强的哲学家

耶若婆佉

必杀技：梵我合一

公元前650年前后—公元前550年前后

3世纪到4世纪间（耶若婆佉活跃时期的1000年之后），有人编撰了一本讲述宗教与社会规范的《耶若婆佉法典》（*Yajnavalkya Smrti*）。

东方哲学始于"自我探究"

东方哲学就像一条复杂混沌的长河，完全难以理解。不过，无论哪条河流，只要溯流而上，终究会找到某一处单纯的"源流"。而这条名为东方哲学的长河，也同样存在着"源流"。要了解东方哲学，首先应该找到源流，将它作为出发点。

东方哲学的源流，"最初的一滴水"，始于印度。

婆罗门的哲学

距今约3500年前的公元前1500年前后，居住在里海沿岸的雅利安人向东推进，来到恒河流域。他们以武力征服了当地原住民达罗毗荼人，建立起自己的国家。

古代各民族都会把自然现象视为神祇，雅利安人也不例外。出于对自然的敬畏，他们想象出"雷神""水神"等各种神祇，作为原始宗教加以崇拜。在漫长的历史中，他们逐渐创作出赞美这些神祇的歌谣和故事，以口口相传的形式，一代代流传下来。在这个过程中，产生了名为《吠陀》的圣典，相当于"所有古印度神祇传说（代代相传的古老故事）的集大成之作"。

在人们相信神话传说的年代，执掌"敬神仪式"的"祭司"拥有极大的权力，这也是古代民族必经的过程。说起来，古代人最怕的，就是无法预测的自然现象（洪水、地震、暴雨、干旱等）。这些自然现象关系到古代人的生死，常常会毫不留情地夺走许多生命。祭司负责讨好能够引发这些自然现象的神祇（或者是能够带来丰厚恩赐的神祇），所以在古代，他们非常重要。

雅利安人设计出种姓制度，把人分成四个等级——婆罗门（僧侣、祭司）、刹帝利（武士和贵族）、吠舍（手工业者和商人）和首陀罗（农民、仆役）。雅利安人居前三个种姓，把在战争中落败的原住民归入最低的种姓首陀罗。

雅利安人为了巩固自己的统治，还在《吠陀》中添加了一些有利于自己的内容，比如"婆罗门诞生于造物主之口"。这种做法的效果很好，婆罗门成功取得了宗教中的权威地位，民众也日益崇敬他们，认为婆罗门确实是了不起的阶级，与古印度的最高神祇、大神梵天合而为一。

这种以婆罗门为顶点的威权体制，后来逐渐发展成婆罗门教，势力扩展到整个印度。

婆罗门就是以这样的方式成为特权阶级，他们高高在上，无须劳作，整日无所事事，过着优渥的生活。通常来说，这种无须劳作的人，多半都喜欢思考一些与生活无关的"闲事"，换句话说，他们成了"哲学家"。

顺便说一句，这种过程在西方也同样发生过。古希腊人不断征服其他国家，虏来许多奴隶为他们劳作，于是自己就变得无所事事，便发展出古希腊哲学。再说一句，英文的"school"（学校），就来自古希腊语中的"schole"（闲暇）一词。

公元前800年前后，经过特权阶级婆罗门的不断思考，《吠陀》不再是纯粹的神话传说，也逐渐加入了他们的哲学思想。这些带有哲学思想的《吠陀》，被特别称为《奥义书》（Upanishad）。

总之，自从祭司这种闲人出现以后，他们就开始思考一些颇具难度的问题，并把思考的结果整理出来，这就是印度哲学与东方哲学的起源。

自我探究

那么，最早的东方哲学，思考的是什么主题呢？

在西方哲学中，最早思考的问题是，"世界的起源是什么""绝对正确的是什么"等。换句话说，西方哲学所探讨的问题，可以说是"人类外部"的事物。

但东方哲学却完全不同。东方哲学家思考的都是与"自我"有关的问题，针对的是"人类内部"的事物。所以说，东方与西方所关心的方向是完全相反的。

事实上，在关心人类外部的西方，出现了亚里士多德这位"万学之祖"，科学这种"掌控自然（外部）的知识和技术体系"十分发达。反观东方，在这方面的学问体系，可以说是毫无发展。

当然，这种说法的意思并不是说东方疏于学问，也不是说东方比西方落后，只是说东方关心的方向与西方完全相反而已。东西方之所以会在学问上出现这样的差异，只是因为西方把精力和热情倾注在科学上，东方则将之倾注在探究位于"内部"的"自我"而已。

东方哲学探究的是人类内部。古印度在"何谓自我"上的讨论十分活跃，以至于形成了一种惯例：贵族开辟场地，从各地请来有识之士，公开讨论。在古印度的各种哲学讨论中，经常会大胜对手的最强辩论家，就是有"奥义书大师"之称的耶若婆佉。

关于耶若婆佉，有这样一个故事。

有一次，国王召集全国的有识之士，举办讨论大会，并在开幕的致辞中对参加者说：

"我很想知道，谁是你们当中最优秀的人。请看，这里有一千头牛，角上都绑着黄金。我将把它们送给最优秀的婆罗门！"

如此丰厚的奖赏，让众人都欢呼起来，纷纷激动地大喊，"哎呀呀呀呀！""太好了，我拼了！"但就在这时候，耶若婆佉慢慢走到众人面前，悠然地对自己的随从说："好吧，这些牛都是我的了，你把它们牵回去吧。"

辩论还没开始，耶若婆佉竟然想把牛牵回家！他这种突兀的行为，一时间让在场的其他婆罗门目瞪口呆。过了好一会儿，大家才纷纷发起火来："开什么玩笑！"

然而这些婆罗门逐一向耶若婆佉挑战，却一个个惨败在他的辩论之下，就像是在证明，"哈哈，你们这群蠢货，我只要十秒钟就能击败你们"。就这样，耶若婆佉真的成了最后的胜利者，带着一千头牛飘然离去。他对自己的辩论实力充满自信，从他这种可谓傲慢的言行中，足以看出他的强大实力了。

梵我合一

依我们今天的了解，耶若婆佉的哲学，就是"梵我合一"这四个字。

所谓"梵我合一"，简单来说就是这样的理论：

令世界得以成立的原理，梵（Brahman），

与令个人得以成立的原理，我（Atman），

其实是"同一的"（合一）。

不过，"梵我合一"并不是耶若婆佉原创的理论。他的老师邬达罗伽·阿卢尼（Uddalaka Aruni）也说过同样的话。也许可以认为，这是古印度哲学中的传统理论。

基于"梵我合一"的思想，耶若婆佉提出这样的观点：

明白阿特曼（我、自己）的实质就是布拉曼（梵、世界的根本原理）的人，便可从一切苦恼中解脱，抵达"终极真理"。

这样的说法也许会给人一种宗教的感觉，或者令人觉得那是古代人的迷信和妄想。其实"梵我合一"是相当明晰的哲学思想，甚至直到今天也适用。

在《奥义书》中，以故事的形式如此解释"梵我合一"的哲学：

> 耶若婆佉想要舍弃自己的生活，离家去隐居。
>
> 他有妻子，因此他在离家前，告诉妻子要把自己的财产分配给她。
>
> 但在他讲完后，妻子向他问出这样的问题："尊者啊，如果这充满财富的整个大地都属于我，我会由此获得永生吗？"
>
> 耶若婆佉回答说："不会。你的生活会像富人的生活，但不可能指望依靠财富获得永生。"
>
> "如果依靠它，我不能获得永生，那我要它有什么用？尊者啊，请将你知道的告诉我！"[1]

也就是说，就算得到财富，成为富人，但人终究免不了一死，那么这一切又有什么意义呢？每个人都想过这个问题吧。对于这个终极问题，耶若婆佉在离家流浪之前，给出这样的回答：

> 这个阿特曼不会毁灭，具有不可毁灭性。
>
> （中略）

1　引自《大森林奥义书》第四章第六梵书，《奥义书》，黄宝生译，商务印书馆，2010年。

对于阿特曼，只能称说："不是这个，不是那个。"

不可把握，因为它不可把握。

不可毁灭，因为它不可毁灭。

不可接触，因为它不可接触。

不受束缚，不受侵扰，不受伤害。

哦，依靠什么知道这位知道者？

这就是我提供给你的教导，梅怛丽依啊！哦，这就是永生。[1]

这就是足以展现《奥义书》哲学真谛的著名夫妻对话。总而言之，耶若婆佉的妻子问他如何才能永生的时候，他回答妻子说："阿特曼原本就是不死的，是不可毁灭的。"但要注意的是，这句话不能理解为神秘论的思想："即使死亡，人的灵魂也是不灭的。"

要正确理解耶若婆佉的话，首先需要弄清，他是如何定义"阿特曼"（我）的。

其实，不用苦苦思索，在耶若婆佉回答妻子的最后那段文字中，已经能够清楚地看出他的思想脉络。为了便于阅读，这里再把那段文字改得简略一些。

---

1 引自《大森林奥义书》第四章第六梵书，《奥义书》，黄宝生译，商务印书馆，2010年。

不可把握，因为它不可把握。

（中略）

哦，依靠什么知道这位知道者？

再把这段文字换成更容易理解的说法：

（阿特曼）是无法把握的，因为你无从把握它。

仔细想想吧，你要用什么方法才能感知到阿特曼
（感知的主体）呢？

毫无办法！

因为，阿特曼是绝对无从把握的。

在这里，耶若婆佉想要表达的是，阿特曼（我）具有"无
法把握"的特质。而得出这一结论的前提在于，"阿特曼=感
知的主体"。那么，所谓"阿特曼=感知的主体"，又是什么意
思呢？

在讨论这个问题以前，首先需要解决这样一个问题："阿特
曼"，或者说"我"，究竟是什么？

"什么是'我存在'的绝对必要条件？"

以下内容有点长，但还是从这个问题出发，来看看"我"存
在的本质吧。

首先让我们以明显错误的答案为例，从头看起。

比如，职业、头衔之类的社会地位，会是"我"存在的绝对必要条件吗？

确实有人会说，"我是某某公司的员工"，但它显然不是"我"存在于"此时此地"的必要条件。因为公司也许转眼就会倒闭，于是"我"就会失去工作，职业和头衔都可能不复存在。就算这些社会属性均告消失，"我的存在"还是不会像清晨的露水一样倏忽不见的吧。

再比如，"我是个积极开朗的人"这类与个人有关的性质或者个性，也是同样的情况。可以想见，即使这些性质或者个性消失，"我"依然存在。所以它们对"我"的存在也不是绝对必要的条件。

肉体又如何呢？比如手或脚会是"我"存在的必要条件吗？也不是。就算砍掉手或脚，"我"还是会存在。它们依然不是必要条件。

那么，"大脑"呢？这个问题就有点困难了。

姑且以现代人的一般观点来看，"大脑=我"似乎是最贴切的。一旦大脑消失或者损毁，"我"似乎就消失了。然而，如果从哲学角度严格思考"我的存在条件"，依然无法轻易得出结论说，"只要有大脑，我就存在"。

大脑是什么

什么是大脑？简单来说，大脑是脑细胞（神经元）的集合。这些脑细胞，就是负责交换信号、处理信息的机器。这台名为大脑的信息处理机器，到底是不是"我"的实体呢？

你可能很想回答说"是"。但是严格来看，似乎并不能百分之百地断言，"大脑是我存在的必要条件"。

之所以说不能如此断言，是因为两个原因。

其一在于，目前仍然不清楚，大脑是通过什么机制意识到"我"的。

举个例子：假设你看到一个苹果，这时在你的意识中，就浮现出鲜明的"红色苹果的影像"。但这个苹果的"红色"究竟是通过什么机制在意识中产生的呢？要怎样合理解释，到底是通过什么样的机制，意识中才浮现出带有某种特殊质感的"红色"（红色特有的那种色彩）呢？实际上，意识中的"红色"究竟是什么，现代科学并不能做出解释。

也许有人认为，可能是这种情况：

"这只是因为大脑的机制很复杂，所以目前还无法弄清这个问题。毋庸置疑的是，大脑意识到了'红色'。只要继续深入研究大脑，总有一天，我们会了解到它背后的机制。"

遗憾的是，情况并非如此。"浮现在意识中的红色是由大脑产生的"，这一想法似乎符合常识，但远远谈不上"毋庸置疑"。

要理解这个说法，首先需要弄清另一个更为核心的问题：无论我们对大脑这台机器背后的机制了解得如何透彻，我们依然无法解释，到底为什么，意识中会产生"红色"。

大脑这台机器，其实只是在机械地重复进行同一个动作：脑细胞（神经元）受到外部的刺激而兴奋，释放出化学物质，继续刺激相邻的脑细胞（神经元）。无论大脑如何复杂，执行的信息处理任务如何繁复，它实际执行的只是这些动作。说到底，脑细胞只是大脑的零件。如果只看其中一个脑细胞，我们会发现，它只不过是依照某种物理条件，机械地默默交换各种物质而已。

当然，像这种"只负责把自己的球（化学物质）交给相邻同类的机器"，如果拿140亿台适当组合在一起，确实足以构成惊人的线路，能够执行高度复杂的信息处理任务。比如，当它们检测到"某种频率的光波"（某种刺激形态），就能机械地判定"视神经传来一种可以归为红色的刺激"，继而形成一条告诉自己"我看到了红色"的线路。

因此，将这条线路看作"机械零件"执行的机械动作（脑细胞之间交换化学物质），就能解释它们所做的事。

"为什么大脑认为自己看到了红色？"

"因为大脑里的脑细胞是以这种方式运作的。"

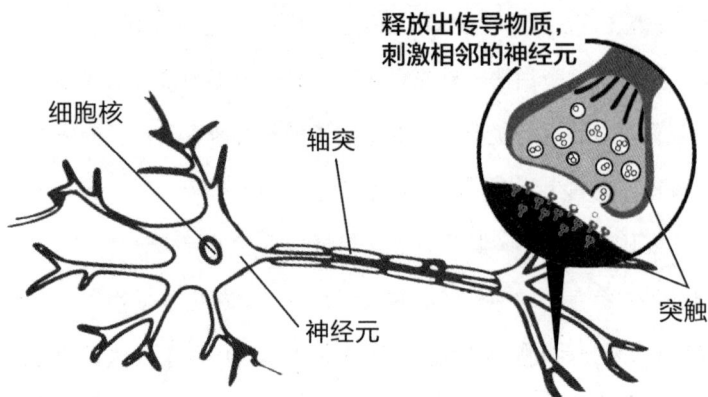

释放出传导物质，刺激相邻的神经元

细胞核

轴突

神经元

突触

一个神经元会与数万个神经元相连，那些神经元各自又会和数万个神经元相连。大脑就是由多达140亿个神经元汇集而成的。

通过这样的方式，我们便可以说明"红色"背后的原理。

然而我们能做的也就仅此而已了。我们所能解释的，最多也只是"把每个机械零件的动作"组合在一起，产生出"机械功能"（处理信息）而已。除此之外，"意识中的'红色'究竟是如何产生的"，这一点依然无法解释。

为了深入理解这个问题的本质，请想象一群"如网一样交织在一起的蚯蚓"。每条蚯蚓显然都没有高度意识，只是随着外界的刺激移动。假设我们用树枝去戳边缘处的一条蚯蚓，对它施加刺激，受到刺激的这条蚯蚓就会扭动起来，进而刺激到相邻的蚯蚓。而相邻的蚯蚓也会扭动起来，刺激到它相邻的蚯蚓……于是刺激就会这样连锁性地传递下去。

每条蚯蚓对刺激的感受程度不同，某一条可能特别敏感，只要一点点很小的刺激就会产生剧烈反应，拼命扭动；而另一条可能十分迟钝，没有足够大的刺激就不会扭动。显然，敏感的蚯蚓很容易把刺激传递给周围的蚯蚓，而迟钝的蚯蚓则与之相反。只要巧妙安排这些特性不同的蚯蚓，就能形成复杂的刺激传导线路，只要施加不同的刺激形式，就能产生各种不同的结果。

假设以某种形态刺激第一条蚯蚓，刺激就会沿着某条特定线路传递下去，直到有蚯蚓触发位于蚯蚓群另一侧的某个开关，让扬声器播放出"是红色"的声音。换成另一种形态刺激蚯蚓，则会沿着另一条线路传递刺激，触发另一个开关，播放"是蓝色"的声音。由于蚯蚓群是"根据外界输入的不同刺激形态，产生与之对应的不同结果"，所以，我们可以把这群蚯蚓看成在"处理信息"。

这个例子是非常简化的，但就其根本性的机制而言，大脑中发生的事情，和这群蚯蚓的情况其实是一致的。

当然，实际的脑细胞要比蚯蚓复杂，每个脑细胞都有几十到几万个突触，这些突触又和其他脑细胞相连，它们的复杂程度是蚯蚓远远比不上的。但是，从"接收到刺激就会去刺激相邻同类"这一点，以及通过重复这样的行为来处理信息的方式上说，两者的原理是完全相同的。

就这样的基本机制而言，"大脑处理信息"本身并没有任何奇异之处。无论大脑做出何种高度智慧的判断，一切都只是脑细胞（蚯蚓）的机械动作产生的结果而已。

既然如此，又该如何解释"我们意识到自己此刻看到了'红色'"，大脑是如何产生红色这个意识的，有什么方法能够解释这一机制？

坦白地说，没有。

请仔细想想。大脑所做的事情，其实就是这样的：蚯蚓触碰旁边的蚯蚓，旁边的蚯蚓又去触碰再旁边的蚯蚓……这种简单的动作，为什么会让我们意识到"红色"这种独特的质感（颜色）？怎么想都无法解释吧。

（认为自己能解释的人，请把蚯蚓换成小学生再来想想。如果有一群长了一万条手臂的小学生站在操场上玩一个集体游戏，只要有人拍自己的肩膀，就按照预定的方式去拍旁边同学的肩膀。这样不断拍下去，迟早会有一个瞬间，这些小学生拍肩膀的状态，就会和"大脑看到红色的状态"相同。认为自己能解释的人，相当于是在说，这一瞬间操场上产生了"感觉自己看见红色这种独特质感的意识"。因为从实际的角度来看，蚯蚓之间的触碰让大脑产生"看见红色"的意识，与小学生之间的拍肩膀让操场产生"看见红色"的意识，完全是一样的意思。然而，这超出了我们现有的科学与逻辑的范畴，必须提出一些目前尚不存在的新思想，或者看待事物的新角度，才有可能加以解释吧。）

说到底，不管我们如何深入研究"大脑"这台机器，如何想要弄清它的功能与机制，我们所能了解的，也只是它处理信息的功能而已。在现有的理论体系下，我们无法解释红色是如何在意识中产生的。而且不仅"颜色"如此，"气味""疼痛"等有可能出现在意识中的各种现象，我们都无法加以解释。

"即使深入理解了大脑的物理机制，也无法解释意识现象"——这个问题，是在1994年由当时刚刚二十八岁的年轻哲学家大卫·查尔默斯（David John Chalmers）提出的。令人惊讶的是，在那之后，没有任何人能给出完美的回答。

（顺便说一句，对于这个问题，或许有人会说，"大脑非常复杂，所以会产生意识现象"，又或许会说，"大脑中有一种监控自身状态的功能，正是这种功能产生了意识现象"。但对哲学家来说，这类抽象的回答是无法满足他们的。他们会继续追问，"那么，请你具体说明红色意识产生的原理。你说啊，说啊！"，直到问得人无言以对。）

也许长期沿用的科学方法［把某个系统分割成一个个零件（因素），再把这些零件（因素）的行为组合在一起，用以解释整个系统的行为］已经行不通了，我们需要全新的革命性理论来打开局面。

到底该如何解决这个悬而未决的问题，大约只能交给当代哲学家，或者你（读者）来头痛了（查尔默斯是在1994年提出的这个问题，相对来说是比较近期发生的事，显然它应该是由我们这个时代的人去解决的问题）。总而言之，在目前的状况下，大脑如何产生意识，确实是一个尚待解决的问题。

说完这个问题，现在我们应该已经理解，"我"这种意识，也许并不是由大脑生成的。说不定是因为某种比如"灵魂"之类的未知因素寄身在大脑里，才引起了意识现象。如果你不喜欢"灵魂"这种幻想式的说法，也不妨改为更具科学感的"未知的物理现象X"。意识的起因，也许不在于大脑，而是这种"未知的物理现象X"。

如果因为某种原因，大脑不再具有"未知的物理现象X"，那便有可能发生这样的情况：大脑还是可以一如既往地发挥功能，我们也还是可以说"红色的夕阳太美了"，一如既往地生活下去，与此同时，我们自己再也"意识不到自己有过红色的体验"。相反，也可能出现这样的情况：即使大脑损坏了，只要"未知的物理现象X"依然存在，意识就会继续存在。

考虑到这样的可能性，我们自然就无法断言，"大脑"的存在能够代表真正的我。我即大脑。

另一个无法如此断言的原因在于，"此刻我们所生活的现实世界，也许只是一场梦"。

也许你现在看到的这个世界，其实只是另一个世界中的"水槽里的大脑"在机器的作用下所做的"梦"而已。

当然，我们没有任何证据能够证明这一点，而且可以将之看作在故意挑刺。不过，我们也同样无法断言这种事情绝对不会发生。因为当下这个世界也许真的是一场"梦"。从原理上说，这一质疑是绝对无法排除的。

另一个世界的水槽里的大脑可能硬得像石头一样，与我们这个世界犹如豆腐般白皙柔软的大脑毫无相似之处。正因为无法排除这样的可能性，所以我们终究不能指着自己的脑袋说：

"产生'我'这种意识的，就是装在这里面的大脑！这是毋庸置疑、不言而喻的真理！"

基于上述原因，我们无法断言"大脑"就是足以令"我"存在的必要条件。

上面既提到了灵魂之类的超自然现象，也提到了水槽里的大脑这种奇特的设想，也许你会觉得这些推理过程十分怪异。但"哲学"就是这样。排除任何先入为主的观念，一次又一次地彻底质疑，尽可能严密而确切地找出最正确的观点，直到无法再深入下去的尽头，这才算是哲学。所以说，上述那些因素的可能性，在"哲学"中是不能排除的。

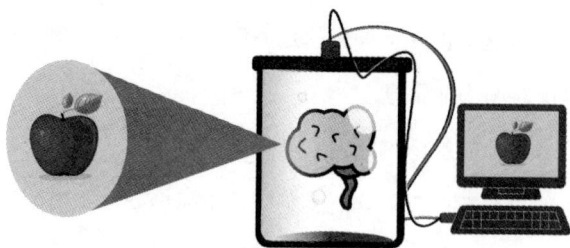

也许你眼下所看到的这个世界，其实只是另一个世界中的"水槽里的大脑"通过机器被动看到的"梦境"而已

"我存在"的必要条件

那么说到底，能令"我存在"的绝对必要条件是什么呢？而且，真的存在一个坚不可摧的条件，能够经得起哲学家的深刻怀疑吗？

首先，如果存在一个正确答案，那么它的必要条件是，"存在能够感到'疼痛'、看到'颜色'的意识现象"。也就是说，"只有存在能够看到或感到某种对象的意识现象"（伴随着"红色"等独特质感的意识体验），才算是"我存在"。

对于这个问题，不妨想一想相反的情况，即没有意识现象的情况，自然就会明白了。比如，不妨想象这样的情况：某一天清晨起床后，不知道为什么，你的意识现象消失了。也就是说，你的大脑还在一如既往地工作，还是原先那台有机的机器，但你的意识中不再出现"红色"或者"疼痛"等独特质感了。

大脑中的脑细胞（蚯蚓）依然和过去一样执行着处理信息的功能，根据不同的物理条件默默运作。因此你的日常生活并不会遭遇任何障碍。你还是可以一如既往地上学、上班，也可以一如既往地说"夕阳是红色的"。你还可以哭泣、欢笑、和他人交谈、与他人争执，你可以日复一日地这样过下去。只是在你做这些事的时候，你身上没有出现任何意识现象。

现在，想象你今后永远都会过这样的人生。那么，这种状况能够称为"我存在"吗？

答案显然是否定的吧。

实际上，这种状况就相当于"自己死后，又出现了一个和自己一模一样的人（比如和自己的原子排列完全一致的机器人），代替自己活下去"。这其实是"我不复存在"的状况。也就是说，即使身体存在，大脑也存在，但如果没有意识现象，"我"的存在也无法成立。

反过来说，只要意识现象依然存在，无论身体和大脑变成什么样子，"我"的存在依然是成立的。假设你目前所生活的这个现实世界，其实只是一场"梦"。那么你此刻所认为的真实存在的身体和大脑，其实只是纯粹的幻影，并不是真实的存在。说不定当你睁开眼睛的时候，会看到完全不同的身体和大脑。

如果不去关心这些细枝末节的问题，无论是梦境还是现实，只要你"看到了这样的世界"（你具有这样的意识现象），就可以认为，"正在看这个世界的我"是存在的。

让我们整理一下到目前为止的重点。

出现在意识中的"红色这种独特的颜色"，究竟是如何产生的？这一机制，目前我们尚不清楚。此外，出现在意识中的东西，究竟是不是存在于现实中，我们也不清楚。

无论如何，只要看到了那种"名为红色的独特颜色"，我们就可以说，"正在看它的我是存在的"。

结论是，针对"何谓我"的问题，能够承受任何怀疑而成立的答案，就是下面这句话：

所谓"我"，就是"看到红色或者感到疼痛之意识现象"的存在。

可以说，这是对于"我"的最为本质的回答。这一回答，把"我即是自我形象""我即是身体""我即是大脑"等各种理论远远抛在身后。

如果略去意识现象等有些令人难以理解的说法，用更为简洁的文字来描述，那么也可以这么说："看到红色、感到疼痛的，就是我。"

我，即感知的主体

好了，现在言归正传，回头看看耶若婆佉的观点。

他说"阿特曼（我）就是感知的主体"。前面我们得到的结论，恰好就是他所说的。他说的"感知"，可以视为"看到红色、感到疼痛"。

当然，在耶若婆佉的时代，人们对大脑还没有科学的理解，也认识不到什么信息处理线路，自然不会发生刚才那样的逻辑论证。毫无疑问的是，至少耶若婆佉认为，"我"存在的本质，既不是身体，也不是思考之类的精神活动，而是看到红色、感到疼痛的"感知行为本身"。

事实上，这是非常了不起的，不是吗？那可是很久很久以前的公元前600年前后。在现代人看来，如果去问久远年代之前的古人"何谓我"，他们最多只会指着自己的身体，给出"这就是我"的简单回答，或者迷信地说"神创造出来的灵魂就是我"。但是，耶若婆佉给出了"我即是感知的主体"这种定义。这个回答可以抵抗任何质疑，堪称"真理"。身处那样的年代，能够讲出这样的话，委实令人讶异。

顺便说一句，耶若婆佉生活的年代，比西方最早的哲学家、提出"万物皆水"的泰勒斯还要早。

那么，按照"阿特曼（我）=感知的主体"的定义，耶若婆佉的话，也就可以解读为富有逻辑的论述文章。

"要用什么方法才能感知到阿特曼（感知的主体）呢？"

从行文的逻辑来看，说话者是希望倾听者给出否定的回答。他希望对方回答说"毫无办法"。所以，在这段话中，他想表达的意思是：

"我们绝对无法感知到感知的主体。"

事实上，他的这一观点，可以通过逻辑方法加以确切地证明。

首先假定，我们能够"感知到感知的主体"。耶若婆佉说"毫无办法"，那么我们就先假设"有办法"，从这个前提出发去思考。

我们姑且认定自己已经"感知到了"。那么我们当然会高兴地说，"太好了，我感知到感知的主体了"。但是，既然说"感知到了"，那么这个"感知到了"的行为，自然应当有一个与之对应的主体。这是因为，如果没有这个主体，那么该由谁来执行"感知到了"这个行为呢？

于是，情况就变成，某处必定存在一个感知的主体，唯有它才能断言自己"感知到感知的主体"。

然而如此一来，这个"感知到感知的主体"的主体，也变成了需要感知的对象，不是吗？因为如果不是的话，那么这个主体也就变成"无法感知到感知的主体"了。

我们姑且继续认为"感知到了"。换句话说，我们感知到了"断言自己'感知到感知的主体'的主体"。

这回该没问题了吧？很遗憾，并非如此。因为同样的问题会再次出现。既然说"感知到了某某"，自然应当有一个与这个感知的行为相应的感知主体存在……于是，某处必定存在一个断言感知到了"断言'感知到感知的主体'的主体"的主体。这又会导致另一个尚未被感知到的"感知的主体"。

即使我们再次断言自己"感知到了"，还是会出现另一个"感知的主体"——情况只会永远这样重复下去。

这种状况，被称为无限后退（infinite regress）。不断重复的情况，表示我们永远无法抵达"感知到感知的主体"之境界。所以结论就是：

无法感知到感知的主体。

顺带一提，20世纪最富魅力的哲学家萨特在他的代表作《存在与虚无》中说过这样的话。内容虽然有点长，但还是引用如下：

看来，我们无法同意这样来解释意识的意识。把意识还原为认识，事实上意味着把主体-对象的二元论引入意识，这种二元论是认识的典型形态。但是，如果我们接受认识者-被认识者成对的法则，就必须要有第三项，以便使认识者反过来成为被认识者，而我们就将面临这样一个两难推理：要么我们在"被认识者——被认识的认识者——认识者的被认识的认识者——……"的系列中的任意一项上停下来。那时，现象总体就成为未知者，就是说，我们总是遇到一种非自我意识的反思和一个末项——要么必须肯定一种无限的后退（观念的观念的观念……），这是荒谬的。因此，这里在本体论上确立意识的必要性时又增加了一个新的必要性：必须在认识论上确立意识。这不是必须把成对法则引入意识吗？自我意识不是成对的。如果要避免无穷后退，意识就必须是自我与自我之间一种直接的，而非认识的关系。[1]

这段文字富有西方哲学的风格，具有清晰的逻辑性。如果觉得比较难懂，那么至少请读一读最后的结论部分。总而言之，萨特想要表达的是：

> 假设我能够认识（感知）到我自己，就会引发一种无限的后退，这在逻辑上是荒谬的。因此，"我认识（感知）到我自己"这种关系，是不存在的。

这段话的意思其实就是：

————————

1 引自《存在与虚无》（修订译本），[法]让-保罗·萨特著，陈宣良等译，生活·读书·新知三联书店，2007年。

仔细想想吧，你要用什么方法才能感知到阿特曼（感知的主体）呢？

毫无办法！

萨特与耶若婆佉说的都是一样的意思。

换言之，如果接受"我即是感知的主体"这一定义，那么我们就必须同时接受这样的逻辑性结论："我无法把我自己当作感知的对象。"

不是XX

此外，对于"我"的性质，耶若婆佉也做了如下阐述：

对于阿特曼，只能称说："不是这个，不是那个。"

用逻辑来思考，就会发现，这句话是推导出的必然结论。

由于阿特曼（我）绝对无法成为感知的对象，所以完全不能说"我是A""我是B"之类的话。因为当你说出"我是某某"的时候，那些"某某"自然就"成为感知对象的事物"。于是，你说的话就变成了：

（绝对无法成为感知对象的）我是（成为感知对象
的）某某。

显然，这句话是无法成立的。

所以，如果一定要用话语来表达"我"的存在，就只能用否
定式的说法："我不是A，我不是B。"

顺便说一句，关于这一点，萨特也说过同样的话。请允许我
再次引用萨特的代表作《存在与虚无》中的话：

> 在我们说"感知到"的存在中，我们唯一能够触碰
> 的存在，是"感知的客体"，而不包含"感知的主体"。
> "感知的主体"是无法掌握的……"感知的主体"所能具
> 备的唯一性质，就是"它不是这个那个的对象"。

这段话的意思是，"不是这个那个的对象"是"我"（感
知的主体）的特征。所以，萨特和耶若婆佉显然说的是同一个
意思。

《存在与虚无》是西方关于"我"的最新和最重要的哲学著
作，不过，其中的一些观点，早在公元前600年左右，东方哲学家
就已经探讨过了。其实这也没什么可奇怪的。在古印度，早在耶

若婆佉出现之前，撰写《奥义书》的哲学家就已经不断钻研"何谓我"的问题了。相比之下，西方很早就和"我"这个无可替代的哲学主体分道扬镳。长期以来，西方哲学倾心的是上帝、社会、科学、正义等其他主题。而哲学之神又非常吝啬，唯有奉献全部心灵钻研特定主题的人，才会赐给他真正的成果。

总而言之，东西方哲学得出了同样的结论：

"所谓'我'，是这样一种特殊的存在，它只能以'不是某某'的否定方式加以描述。"

即使东西方的伟大哲学家都推导出同样的结论，我们在日常生活中还是会说（或者会认为）"我是某某"。平时我们绝不会认为，"关于我，只能用'不是这个，不是那个'来描述"。

没错，就是这个道理。

古印度哲学认为，"在哲学上，'我不是某某'才是真理"，然而在日常生活中，我们认为"我是某某"。这种错误的认知，正是给这个世界带来各种不幸的原因。

这是怎么回事呢？

所有的不幸都是误解

在解释这个问题时，古印度传统上是以"舞者"和"观者"的关系来比喻的。不过在这里，改用"电影"和"观众"来比喻，大约更容易理解。

请想象一个漆黑的电影院，里面只有一名观众在看电影。

你有没有过这样的体验：电影拍得太逼真了，效果惊艳，导致自己忘记自己是在看电影，而陷入剧情里，对电影主角产生了移情？

当然，无论移情作用有多强，也无论你把自己向电影主角带入到什么地步，电影与看电影的观众之间，其实并不存在任何关系。

因为不管电影的内容是什么，看电影的观众只是纯粹的观看者而已。不管电影里的角色是高高在上还是凄凄惨惨，观众绝不会因此变得高高在上或者凄凄惨惨。

如果有人在电影里看过描绘伟人生平的电影，就自豪地大喊："我怎么这么了不起啊！"或者看到讲述凄惨生活的电影，就痛哭流涕地大叫："我为什么这么凄惨？还不如早早死掉才好！"这种人的脑子肯定不正常吧。

如果遇到这种人，我们应该对他说什么呢？

我们是不是应该说，"你谦虚点，别太得意忘形了"；或者说，"情况会好起来的，别太伤心了"。

当然不是！我们应该立刻告诉他别发疯了。

"冷静点，这只是电影，和你这个人根本没有任何关系！你身上什么事都没发生！"

不过，如果对方总是会把自己移情到电影角色身上，那么就算这么对他说，也没什么用吧。

"你在说什么！这是现实！这显然就是发生在我身上的事！"

但在电影院的灯光亮起的时候，他意识到"自己只是在看电影……"

"哎呀呀呀呀，我完了！咦……这是电影？"

刹那间，他本以为面临的"问题"或者"不幸"，突然消失了。

最终他发现自己根本没有遭遇什么不幸。之前之所以感到不幸，只是因为电影里的角色很不幸而已，并不是他自己不幸。他是因为认知的错误，才会一直叫喊"我真是不幸，我真是太不幸了"。

这种情况，和某些小孩很相似。他们会对毛绒玩具产生移情，把它和自己同化。

如果你对紧紧抱着毛绒玩具的小孩说，"你正抱着毛绒玩具，所以它只不过是你抱的东西。你和毛绒玩具并不一样"，他们肯定听不懂。小孩子理解不了这么深奥的道理。

正因为小孩子无知，所以才会把毛绒玩具同化成自己，从而导致一些原本并不存在的问题：一旦弄脏了毛绒玩具，或者不小心扯断了毛绒玩具的手，小孩子就会觉得自己受伤了，号啕大哭起来。

珍惜毛绒玩具是一件好事；把自己和毛绒玩具同化，玩玩过家家的游戏也没什么问题。如果误以为毛绒玩具就是自己，则会把一些原本不该存在的"不幸"投射到自己身上。

不过，这样的事情也不算什么大问题，就算置之不理，小孩子也会慢慢成熟起来，意识到毛绒玩具并不等同于自己。等到那个时候，不需要任何人提醒，他们自己就会从毛绒玩具的束缚中解放出来，获得自由。

但这里还有个问题。

如果这个孩子能够深入探讨关于"我"的哲学，和古印度哲学家一样认识到"对于'我'，只能说它'不是什么'"，从而不再将自己与毛绒玩具同化，这样当然很好。如果没有这么做，那么他也许会一直维持在未能解决这个问题的状态。

等他长大成人之后，他也许不会再将自己和毛绒玩具同化，但他并没有真正理解这个问题的根源在哪里。即使长大之后，他也会将自己和其他事物同化，比如外貌、头衔、财产、他人对自己的看法、自我形象等等。

这只不过是改变了"同化的对象"而已，核心问题还是没有解决。因为与某种事物同化，所以会觉得自己不幸。因此，如果一个人因为长得难看、地位或财产化作泡影、别人讨厌自己或者伤害自己而感到不幸，甚至因为痛苦而决定自杀，他的想法就还是和小时候一样幼稚。

"哎呀呀呀呀，毛绒玩具脏了！"

对于这样的不幸，西方会采取具体的对策，比如发明一种能把毛绒玩具洗干净的机器，或者制定法律不许弄脏毛绒玩具。

但在东方，并不会这样处理"不幸"，而是会瞄准最为本质的核心，颠覆"不幸"的存在。

"脏了又如何？你又不是那个毛绒玩具。赶快放弃那个愚蠢的想法吧！"

按照耶若婆佉的看法，一切不幸都源于错误的认知，源于对"我"（阿特曼）的无知。

耶若婆佉如是说：

对于阿特曼，只能称说："不是这个，不是那个。"

不可把握，因为它不可把握。

不可毁灭，因为它不可毁灭。

不可接触，因为它不可接触。

既然名为"我"（阿特曼）的存在，本质上不是任何行为的对象，只能以"不是某某"来加以描述，那么自然绝对无法把握、无法毁灭、无法接触。

也正因如此，耶若婆佉进一步说：

不受束缚，不受侵扰，不受伤害。

"身体受到束缚"是可以感知的，但"我"是不受束缚的，因为感知到束缚的是"我"。

"内心受到侵扰"是可以感知的，但"我"是不受侵扰的，因为感知到侵扰的是"我"。

"身体受到伤害"是可以感知的，但"我"是不受伤害的，因为感知到伤害的是"我"。

不管电影的剧情如何悲惨，片中的角色如何受到伤害，观众自己都是不会受到伤害的。同样地，无论如何疼痛或悲惨的感受，都伤害不到"感知此事物的主体"（我），也不可能让它变得更加悲惨。

电影放映设备可能会损坏。如果放映设备停止运转，电影就会立刻中断，电影院里也会变成一片漆黑。但观众并不会因此受到伤害。

观众只是在看电影而已。电影中断了，观众就不看了；什么时候电影重新开始放映，观众就继续默默看下去。不管是电影放映到一半的时候中断，还是放映设备损坏，对观众自己都不可能造成任何影响。

"所谓阿特曼（我）就是观赏者（观众），与观赏的对象（舞者）并不是同一人。无论观赏的对象（舞者）如何，都无法损害或者破坏观赏者（观众）。"

只要意识到这个事实，世上所有的不幸都会消失，人就会成为史上最强大、最无敌的存在！

就像这样，耶若婆佉明确指出"我"的本质，将史上最强大、最无敌的境界（终极的真理）告知妻子之后，便出门游历去了。

破除"我"这一概念的佛教祖师

释迦牟尼

必杀技：无我

公元前5世纪前后？

"汝等比丘：若有智慧则无贪着，常自省察不令有失。"这是他最后的话。

"我"不存在

"我（阿特曼）不可毁灭。"

这是被称为圣者的《奥义书》哲人耶若婆佉的哲学。他的哲学引发了古印度社会的大变革。因为古印度的种姓制度使得"婆罗门"等特权阶级占据较高地位，可以为所欲为，而按照耶若婆佉的哲学，"我"不应该存在这种与生俱来的阶级。

婆罗门只不过是在看一部名为"婆罗门"的电影。奴隶只不过是在看一部名为"奴隶"的电影。不管看的是什么电影，观众

（感知的主体）本身并不会因此变成婆罗门或者奴隶。

耶若婆佉已经清晰地阐述，"我"的本质在于"不是某某"之类的否定性质，所以很显然，我不是婆罗门，我不是奴隶。

因此，这种歧视性的种姓制度，完全是彻头彻尾的谎言。

自古以来婆罗门一直声称，只有伟大的婆罗门能够抵达终极真理（布拉曼）。然而在耶若婆佉的哲学看来，这一点也是不成立的。因为"我"并不存在与生俱来的阶级，所以不管是谁，只要掌握了"我"的本质，应该都能抵达无敌状态，成为史上最强大的存在。

就这样，耶若婆佉的哲学一方面动摇了婆罗门的特权，另一方面也是一种革命性的观点，让过去受到种姓制度压迫的阶级生出了勇气。

于是，许多人不再信仰婆罗门的力量，开始依靠自己探究"我"。他们开始研究哲学，并在古印度引导了一股风潮。许多人认为，"很好，我也要抵达最高境界，从一切不幸中获得解脱！"

佛教的创立者释迦牟尼，也是加入这股风潮中的一人。他属于"刹帝利"阶级，即"军事贵族"，而不是婆罗门。为了追求最高的境界，他决定出家（离家修行）。

出家

关于释迦牟尼的出家，有这样一个故事。

他本是一国的王子，过着随心所欲的优渥生活。有一天，他想出城游玩，在他正要从东门出城之际，看到门外有一个满脸皱纹、步履蹒跚的老人。

"那人怎么了？为什么长成那样？"

这是释迦牟尼第一次看到老人。实际上，他在城里的时候，不管去哪里，仆人都会抢在他前面清扫装饰，所以他走的一直都是干净整洁的道路。这是因为释迦牟尼的父王下过令，"你们只能让他看到美好的事物"，这让他连一片枯叶都不曾见过，成为一个连"衰老"和"枯萎"之类的现象都不懂的人。

他提出这个疑问之后，侍从回答说："那个是老人。"

"只有他是老人吗？"

"不，您和国王都会变成老人。当然，我和其他任何人也是一样，只要年纪增长，最终也会变成那样的老人。"

释迦牟尼听了这个回答感到很难受，他从东门退了回去。

接着，他想从南门外出，却看到门外有一个瘦小衰弱的人正在痛苦地打滚。

"那人怎么了？"

"他是病人。人只要生病，就会变成那样。"

释迦牟尼感到很害怕，从南门退了回去。

接下来，他想从西门外出，却看到门外有一群人正在为逝者哀叹。

"那里又怎么了？"

"大概是有人死了吧。人都会有一死。"

"我也会死吗？"

"是的，王子殿下和我一样，总有一天也会死去，谁也无法逃脱。"

侍从的话让释迦牟尼大受冲击，他又从西门退了回去，最后来到北门。他看到门外有一个身穿黄色袈裟、手上拿着钵、径直向前走的人。

"他是什么人？"

侍从回答说："他是出家修行的僧人，也就是希望抵达终极真理的境界、超越生老病死等苦痛的人。"

"原来有这样的路啊……原来有这样的生之道……好吧，我决定了，我也要成为修行僧人，超越生老病死的苦痛。"

就这样，释迦牟尼决定彻底舍弃家人以及王子的地位，出家修行。

以上就是被称为"四门游观"的故事。这种情节给人的感觉太过巧合，不像是史实，而像是后世附会出的故事。暂且不管这个问题，关键在于，"释迦牟尼认识到生老病死的苦痛和人生无常之后，决心出家寻找超越的方法"，这一点应该是事实。

这是因为，这一做法其实是当时的"潮流"。

如前所述，当时的印度流行起史上空前的哲学热潮，许多人为了抵达最高境界而出家修行。其中出家者常有的动机，就是想要克服生老病死的苦痛及其不幸。

"出家＝追求一种能够超越生老病死等苦痛的境界。"

一般人都认为，这样的传统起源于释迦牟尼，其实并非如此。"四门游观"的故事告诉我们，在释迦牟尼创立佛教之前，就已经有修行僧人了。这些传统是在释迦牟尼出生的几百年前，由耶若婆佉等《奥义书》哲学家，和继承他那种哲学的其他无数哲学家逐步建立起来的。

各位请回想一下，在释迦牟尼之前，耶若婆佉的妻子便已经说过："如果依靠它（财富），我不能获得永生，那我要它有什么用？尊者啊，请将你知道的告诉我！"也就是说，释迦牟尼想要抵达"超越死亡境界"的想法，其实在古印度早已有之。

那么，出家后的释迦牟尼做了哪些事情呢？

他拜访了许多修行僧人，做他们的弟子，向他们学习印度哲学。遗憾的是，他跟不上其他人的学习进度。无论如何努力学习，他都无法获得满意的结果，即无法抵达超越生老病死的境界。无奈之下，释迦牟尼辞别老师，带着跟随他的五名同伴，一起进山苦行。

所谓"苦行"，正如文字所示，是一种"令自己承受痛苦的修行"，比如绝食、闭气等。可是为什么要苦行呢？要超越生老病死等苦痛的境界，与苦行有什么关系呢？

为什么释迦牟尼必须苦行？其实这也是当时印度的一种"潮流"。

苦行

要解释什么是苦行，首先需要解释一些略显复杂的问题。

释迦牟尼追求的"超越各种苦痛的境界"，源于耶若婆佉的哲学，这一点前面已经提到过。耶若婆佉展示的境界，富于逻辑，十分合理。

"我"是感知的主体。

所以"我"不会成为感知的对象。

（因为"感知到感知"是矛盾的）

所以"我"绝不会受到损害。

但是，难道你不会产生下述怀疑吗？

从道理上说，可以认同"我绝不会受到损害"的观点，但人是讨厌疼痛的，当然也害怕死亡。所以就算听到这番话，又会给我们的日常生活带来什么改变呢？

因此，即使懂得这个"道理"，生活还是一如既往。

即使理解了耶若婆佉的观点，即使理解了这样的"知识"，我们还是不会立刻就说"我是无敌的！我什么都不怕！"，我们最多只会说"你说的意思我明白，我理解了你的想法"。

这是不是很奇怪？耶若婆佉明明已经解释了"这样做就会无敌"的道理，听众也能理解，"原来如此，这样做就会无敌"，但听完之后还是不会觉得"自己是无敌的"。这到底该怎么办呢？

"不好意思，我还没有变得无敌，能不能再教我一次？"

一个办法是，找耶若婆佉再问一次。也许是自己漏了什么没有听到，或者他还有别的什么隐藏更深的秘密尚未说明。

然而耶若婆佉也许只会再把说过的内容重复一遍。这是因为，他的观点在逻辑上非常清晰。"A等于B，B等于C，所以A等于C。"这种逻辑完整的论证，还能再怎么讲清楚呢？最多也许就是补充一点实际的例子吧，但核心的内容恐怕和之前没有任何区别。

"关于'我'，只能说它不是这个，不是那个，所以——"

如果听众已经充分理解了耶若婆佉所说的观点，那么即使再听一遍，也不会有什么新的体会。

"和上次讲的一样啊。这一点我已经明白了，但还是和以前一样害怕死亡，完全没有无敌的感觉啊。"

那么，要不要直接向耶若婆佉抱怨呢？估计他会严肃地告诉你：

"你真是个蠢货。你只是自以为自己懂了，其实什么都不懂！"

你看，这就是东方哲学的麻烦之处。

在东方哲学中，经常会遇到这样怪异的情况。听众认为"我理解了你的观点"，讲者却否认对方的理解，"不，你根本没有理解"。

因为东方有种独特的思维方式，认为仅仅掌握知识，并不能算是真正理解。

在东方，人们认为，所有事情必须伴有强烈的体验或者实际的感受，比如"啊，原来如此！我明白了！"，才算是真正理解。而这种"通过体验而真正理解"的状态，被称为"开悟"，与"掌握知识"（一般的理解）之间，有着莫大区别。

举个例子。比如你听到一则传闻，说"某条巷子里有蛇"。

探头看看那条巷子，的确会看到一个很像蛇的东西。当然，那么可怕的地方，没人敢靠近。如果有一天，有个人鼓足勇气走进那条巷子，然后跑来告诉你：

"里面没有蛇，只有一条绳子。"

而且他还很有条理地和你解释，"按照蛇的习性而言，不可能出现在那种地方"，等等。如果他的解释很有道理，也很符合逻辑，于是你也觉得，"没错，你说得对，我无法反驳"。

但现在他问你："那你要不要也去巷子里看看？"你也许还是会感到害怕，两腿发抖，无法动弹。

看到你这副样子，他很奇怪地说："哎，我刚才不是和你解释过了吗？要么我再解释一遍？"

然而不管他再解释几次，你学到的依然只是"知识"而已。仅靠"知识"来认识"巷子里没有蛇"，其实毫无意义。要让你去那个巷子，你还是不敢。因为你的大脑知道"巷子里没有蛇"的道理，但内心认为"说不定巷子里真的有蛇"。这种状态，完全称不上"真正知道巷子里没有蛇"。

那么，如何才能真正知道呢？这必须要等你自己实际去体验、确认之后，才能真正知道。比如，你鼓起勇气走进那条巷子，战战兢兢地靠近那个看起来像蛇的东西——

"那真的只是一条绳子吗？那个人说得虽然很对，但说不定真的是蛇呢？"

等你靠近之后仔细去看——果然是一条绳子，左看右看都是绳子，拎起来看也是绳子。真的只是绳子！

你赶忙跑回去，向其他朋友报告这件事。

"我看过了！那真是一条绳子！"

但你的朋友没有去过巷子，对他来说，这条消息仅仅是一条信息、一个知识而已。即使听你这么说，他还是不想靠近那条巷了。

"我说了那只是条绳子。而且你仔细想想，如果是蛇——"

"嗯，你说得对，你说得很对，我十分理解。"

听了你的解释，朋友表示自己明白了。不仅如此，他还能把你和他说的内容，原封不动说给别人听。这说明他已经准确理解了你的意思，也将之作为知识吸收到了他的大脑里。

即使如此，他还是宁死也不肯走进那条巷子！

你问他："里面没有蛇，对吧？"

他回答说："对对对，里面没有蛇。"

两个人明明意见相同，但如果你邀请他说："我们一起去里面看看吧。"他还是会瑟瑟发抖地回答说："我今天不大方便……"转身就走。

看到他的样子，你肯定会说出这句话：

"其实你根本没有理解吧！"

通过体验而理解

蛇的故事告诉我们，不能仅仅把道理当作知识记下来，还需要有实际的体验和感受，意识到"啊，原来如此！"，才能说"我真的懂了"。

对于耶若婆佉的哲学来说，这一点同样适用。

"阿特曼（我）绝对无法成为感知的对象。"

耶若婆佉的这句话，就算理解它的意思，当成"知识"记下来，如果自己还是一如既往地背负着不幸，没有真正变得无敌，那也是毫无意义的。必须通过实际的"体验"来理解这句话，产生出切身感受——"啊，原来如此！"——抵达"真正理解"（开悟）的状态，才有意义。

但这里有个问题：

"仅仅作为知识而理解的人"，与"通过体验而真正理解（开悟）的人"，虽然本质上完全不同，但嘴上说的都是一样。

还是以前面蛇的故事为例。这两种人（仅有知识的人和开悟的人），所说的结论都是"确实没有蛇"，而且两个人的论据也都一样，"因为那是一条绳子"。所以，听讲的人无法区分，到底哪个是"仅有知识的人"，哪个是"真正理解（开悟）的人"。说不定两个人都是"仅有知识、并未真正理解的人"。由于他们说的话都一样，所以仅凭他们说的话，实在无法判断。

如果要分辨这两种人，不应该从"语言"上判断，而要从"实践"中判断，也就是看平时的生活态度。

比如在蛇的故事中，如果一个人平时嘴上说，"巷子里没有蛇，那只是一条绳子"，但一走近巷子，态度就明显变得不安，那么我们就可以认为，"哎，这家伙只是嘴上说说，其实并没有真的理解"。也就是说，从一个人的实际行为，可以看出他是真的懂了，还是假的懂了。

由于当时耶若婆佉的哲学非常流行，其中的理论（道理）已经广为人知，不管是谁，只要找个伟大的修行僧人（哲学家）做老师，当他的弟子，就可以任意学习这些知识。

所以到处都能听到有人说，阿特曼如何如何，感知的对象如何如何，大肆谈论耶若婆佉的哲学。毫无疑问，自然也会有人声称自己已经抵达了耶若婆佉的那种"无敌境界"。

正如前面所说，嘴上说"只要这样这样，自己就能无敌"的人，单凭他所说的话，并不能判断他究竟真的理解了，还是仅仅嘴上说说而已。只要那个人能够准确阐述耶若婆佉的哲学，描绘所谓无敌的境界，听者绝对无法分辨。

唯一能够分辨真假的方法，只有前面说的，不依靠话语，而根据对方的实际行为进行判断。

比如，有个修行僧人来到你面前，对你说了这样一番话：

"我已经开悟了阿特曼的本质，抵达了无敌的境界。"

那么应该如何判断这个修行僧人到底只是嘴上说说，还是真的开悟了呢？只要这么说就行了：

"你确实很了不起。那么，请先让我打你一百棍吧！"

随后就把他打个半死，揍到他鼻青脸肿为止。既然他已经理解了耶若婆佉的哲学——"阿特曼只是观众，它不会被任何事物触及，也不会受到损害"——那么他自然可以忍受任何痛苦。

如果修行僧人在被人殴打、鞭笞的时候哭喊着请求原谅，"啊，痛死了！快住手！"，那么我们就会知道，这家伙说的是谎话。

"欸，怎么回事？和你刚才讲的不一样哦。"

这虽然是个玩笑话，但反过来说，除了这个办法之外，还有什么方法能够证明呢？

无论一个人如何描述无敌的境界，也就是"超越各种不幸的终极境界"，都会面对这样的质疑："你真的理解了吗？"所以，唯一的办法只有请如此声称的当事人以实际行动证明，"面临高度不幸的状态，展现自己镇静如常的样子"。

这种办法也适用于验证对自己的疑问。假设你是一个修行僧人，你对自己产生了这样的疑问："我已经学习了哲学，也掌握了《奥义书》里的深邃知识，但我真的理解了吗？我是否真的抵达了印度自古传承的境界，能够自信地宣布自己是无敌的？"

只有一个办法回答这样的疑问：苦行。如果承受不了苦行，自然就意识到自己还有不足。不管多么艰苦的苦行，如果自己能够带着幸福的心情去承受，那就会明白自己已经抵达了无敌的境界。"能够承受住多少苦行"，相当于一项指标，指示苦行者抵达了多少程度的"无敌境界"。因此，主动进行痛苦的修行——苦行，也就成为一种潮流。

在当时，人们普遍这样认为。只要能忍受苦痛，就等于客观证明了自己已经开悟到"电影与观众无关"的真理，抵达无敌的境界。

因此，释迦牟尼也跟随当时的潮流，开始了苦行。据说，他的苦行之严苛，超乎常人的想象。所谓苦行，原本就是越艰苦越好，如果只是马马虎虎的痛苦，一般人都能承受得住，自然毫无意义。只有超出忍耐极限的疼痛和苦痛才是有用的。只有承受住这样的苦行，才能证明自己抵达了无敌的境界。

这样的苦行，释迦牟尼足足坚持了六年。据说，到最后，他瘦得只剩皮包骨。

然而，这样的苦行依然没有让释迦牟尼抵达开悟的境界。他终于意识到，这样的苦行没有用处，不如说适得其反。

"苦行没有意义。不仅没有意义，苦行这一行为，反而会阻碍开悟。"

于是，释迦牟尼抛弃苦行，步上中道。

中道

释迦牟尼抛弃苦行，步上中道的故事十分著名。但"中道"究竟是什么意思呢？需要注意的是，释迦牟尼说的"中道"，并不是"适度"的意思。

释迦牟尼具有超人的洞察力，他所说的中道，是指"开悟与苦行（极端状态）之间没有任何因果关系，苦行反而会阻碍开悟"。

为什么苦行会阻碍开悟？这是因为，苦行具有一种强化"自我错误同化"的效果。

请回想一下，耶若婆佉所说的"终极境界"，是因为意识到如下的真理才得以成立的：

"电影与观众毫无关系，无论播放什么电影，都不会对观众造成任何影响。"

正因为如此，才会通过逻辑推导出这样的结论——"无论看到多么悲惨的电影，应该都能超然看待"，进而产生出苦行的想法。

但在不知不觉间，人们开始变得更加重视苦行本身，也就是更关心电影有多悲惨（苦痛的体验）。

"啊哈哈哈……我已经有三天没睡觉了，怎么样，很了不起吧？"

"这有什么了不起的，我已经四天没睡了！"

"哎，真的吗？那你可真厉害，你又向开悟的目标近了一步！"

说这种话的人，显然已经偏离了原本的目标，也就是"理解自我的本质，停止自我错误同化"。他们的所作所为，只是在攀比谁更能忍耐苦痛而已。

当时的人就像这样，把"能够忍受多大的苦痛"，当作衡量"开悟实现概率"的指标，彼此攀比，并且形成一种愚蠢至极的传统：如果有人能够忍受他人无法忍受的苦痛，众人就会为他欢呼，拜服在他脚下，把他当作圣人崇拜，表示"我比不上你，请收我为弟子"。

这显然是走错了方向。

假如真的理解了耶若婆佉的哲学，就应该能够意识到，这种做法只是在欣赏一部"通过苦行来获得众人称赞"的电影而已，与观众自身毫无关系。

但是，当时的人们以为，只要观赏这样一部"完成苦行、获得赞赏"的电影，自己一定能够获得某种成果。这相当于观众沉浸在电影里，与电影中的角色同化的情况。本来目的是为了解决自我错误的同化，结果反而强化了这样的同化。

而且还有一个更麻烦的地方：苦行越多，自我或自尊就越会强化。

"看到了吗？我可以忍受这么强的苦痛！"

另外，在苦行中，人的精神会变得恍惚，容易产生一些神秘体验，比如看到光芒或者神明的样貌等。这会让苦行者产生成就感，而这种成就感更会强化自我错误的同化。

"神圣光芒包裹了我，众神来为我祝福了！我好像抵达了很高的境界！和毫不努力的凡人相比，我好像真的接近终极境界了！"

然而，古印度哲学家抵达的"境界"，绝不是如此肤浅的东西。

"我看到了光，我看到神明的样貌"——这又如何呢？这种事情有什么价值？无论光芒或者神明是真是假，它们都是"感知的客体"，仅仅是感知的对象而已。真正重要的是认识到"我"和这些感知的对象毫无关系，它们也丝毫不能触及"我"。

所以，说到底，就算痛苦难耐，忍不住要哭喊着哀求停下来，其实也没关系。因为那是身体的自然反应。身体感受到疼痛，就会想要逃避，因为那是它的职责。身体觉得饿，就想要进食，因为那是它的职责。

如果真的意识到"'我'并不是身体"，那么就应该可以理解，忍受饥饿与耶若婆佉所说的境界毫无关系。无论身体能够承受多大的苦痛，抑或无法承受太大的苦痛而哭喊，"我"都只是一个旁观者而已。不管身体这台机器做出什么反应，都不会对"我"产生任何影响。如果有人将"忍受饥饿"当作抵达境界的指标，相当于是把"身体"和"我"同化了。

所以，此处的结论是，抵达耶若婆佉所说的境界与苦行（极端的状态）之间，没有任何因果关系。不仅没有关系，而且还会有相反的效果。

因此，"中道"（不极端的状态），才是最适宜获得开悟的状态。

耶若婆佉等《奥义书》哲学家，揭示了一种"超越各种不幸"的最强境界，但众人误解了那样的境界，于是在当时的印度诞生了苦行的风潮。释迦牟尼则主张众人不应再跟随这种潮流。

他否定苦行，宣称"中道才是通往开悟之路"，给印度哲学带来了一场巨大的革命。他纠正了耶若婆佉哲学中产生的错误传统，将印度哲学重新拉回历史的正轨。

开悟

释迦牟尼抛弃苦行之后怎么样了呢？他回归了原本的目标，即理解"自我的本质"，在树下默想。那棵树，就是众所周知的菩提树。

他已经没有通过忍受苦痛实现目标的想法了。他只是一直默默坐在树下。

据说当时他的头脑中浮现出各种杂念，大约是"开悟""家人""女人"等吧。

不管浮现出什么杂念，那些都只是"感知的对象"而已，与观赏者的自我没有任何关系。因此，只须无视这些杂念即可。

释迦牟尼无视任何杂念，一直坐在树下。换句话说，不管上演什么电影，他都一直维持着纯粹的观众身份。

过了许久，电影（杂念）消失了。释迦牟尼实现了纯粹的寂静。

——此时，奇迹发生了。

释迦牟尼终于在这寂静中悟出"自我的本质"，悟出了真理！

他终于抵达了古印度哲学家一脉相承的"无敌境界"，超越了各种不幸！

佛教的教义

从此，人们就将开悟的释迦牟尼称为"佛陀"（开悟的人）。

据说，释迦牟尼刚开悟后，他并不想宣扬自己开悟时的领悟，因为他认为，"这种境界，说了别人也不会懂"。不过他后来改变了想法，决心穷尽一生，把自己的领悟传播出去。

假如有人问，"佛教始于何时"，那么可以说，它就始于释迦牟尼做出这个决定的瞬间。

释迦牟尼开始传播领悟内容的第一步，就是告知和自己一起苦行的五位同伴。这五个人以为释迦牟尼放弃苦行是一种堕落，因而无视他的到来，也不听他说话。但在释迦牟尼充满自信的态度之下，他们终于愿意听他讲话，最后成了他的弟子。

这是释迦牟尼第一次讲法，被称为"初转法轮"。

第一次讲法时，释迦牟尼说了什么呢？

据信当时释迦牟尼讲的是四谛与八正道。这两项是佛教基本中的基本，是最根本的教义。以下分别加以解说。

四谛

"四谛"的"谛"，意思是"把真理讲清楚"。因此，"四谛"可以理解为"四真理"。那么，四真理是什么呢？它们是这样的内容：

苦谛："苦"的真理

集谛："苦的原因"的真理

灭谛："苦的消灭"的真理

道谛："如何灭苦"的真理

苦谛是说，"人生即是苦"。不管怎么挣扎，人总摆脱不了生老病死，这些苦痛绝对无法逃脱。从一开始就要对此有所知觉。

集谛是说，"这些苦的原因在于执着（欲望）"。苦谛已经明确展示了苦的存在，而集谛则展示出之所以有那样的苦，原因就在于执着（欲望）。

灭谛是说，"只要去除原因（执着），就能消灭苦"。也就是说，存在一种终极的状态，所有苦痛都会消失。

道谛是说，"有方法消灭苦，抵达终极境界"。

这四种真理合在一起，简单来说就是：虽然人生充满苦，但苦的原因在于执着，只要能去除执着，就能去除苦，并且有方法抵达那样的境界。

八正道

在四谛的道谛中，释迦牟尼阐述了"有方法抵达终极境界"的真理。他所说的方法就是"八正道"。

如字面所示，八正道意即"践行正确生活方式的八种方法"。

正见：正确的看法

正思维：正确的思维

正语：正确的话语

正业：正确的行为

正命：正确的生活方式

正精进：正确的努力

正念：正确的意识

正定：正确的精神稳定

由于项目很多，在此不一一解释。总而言之就是要正确而妥善地去听、去看、去生活。只要遵循这样的正确生活方式，自然就会开悟。

以上就是四谛与八正道，也是佛教最基础的教义。

在这里姑且跳过四谛与八正道，先往下看。因为四谛与八正道毕竟只是释迦牟尼哲学中类似于"入口"的东西，还不能算是释迦牟尼哲学的核心。

在释迦牟尼哲学中，更重要的概念是：

阿特曼（我）不存在。

即"无我"。

这一观点，并非单纯阐述不可以有"我如何如何"的自我中心想法，或者倡导要舍弃这种"我如何如何"的欲望，而是有着更为深层的意义。

无我

在当时的印度，"我不存在"的观点，远比我们以为的更重要，甚至可以说是天翻地覆的冲击性言论。因为，"我不存在"的无我观点，明显有悖于耶若婆佉的哲学。

耶若婆佉的逻辑前提是"我"存在。他认为，只要了解"我的本质"，便可以抵达无敌的境界，然而释迦牟尼说，"我根本不存在"，这等于否定了耶若婆佉哲学的前提。它彻底瓦解了耶若婆佉的哲学，也彻底瓦解了古印度哲学家的《奥义书》哲学传统。

换句话说，释迦牟尼提出的观点会令耶若婆佉等古印度哲学家的《奥义书》哲学化为泡影。对于相信《奥义书》、相信古印度传统哲学、为了理解自我的本质而苦行的人来说，这是无比巨大的冲击。

不过，如果就此认为释迦牟尼完全否定了《奥义书》哲学，也未免过于武断。释迦牟尼一直在追求的"开悟境界"（超越生老病死的境界），原本就源于《奥义书》、源于古印度的传统哲学。

但是，为什么释迦牟尼会提出不同于《奥义书》的观点？

原因在于，《奥义书》哲学中，存在一个致命的问题。

耶若婆佉犯了一个重大的错误，也许正因为他是一个天才，所以忽视了这个问题；也可能是因为，《奥义书》的定位本来就是"唯有天选之子方能读懂的圣典"吧。

总而言之，耶若婆佉遗漏了一件事：

"大众一定会产生误解。"

耶若婆佉用"阿特曼"来指代绝对无法接触的"我的本质"，但这也导致大众强烈地意识到"我"（阿特曼）这个词。结果，大众直接将这个词当作一种"道理"。

"对于我（阿特曼），只能说它'不是这个，不是那个'。"

"我（阿特曼）无从接触、也无从伤害。"

于是，"我"（阿特曼）变成了一种概念。

由于"我"（阿特曼）的本质是"无法成为对象""无法说它是某某"，所以从逻辑上说，应该无法用任何概念加以表示才对，哪怕是说"所谓的我，是一种无法说它是某某的东西"也是不能用来表示它的。因为凡是"能用概念表示出来的我"，显然就已经变成了"感知的对象"（感知的客体），而非感知本身。

换句话说，能用概念表示出来的"我"（用"阿特曼"这个词表示出来的我），并不是真正的我。

即使这样说，大众依然会误解。

"原来如此，无法以概念表示的，就是我呀。"

"我，就是无法以概念表示的事物，没错吧。"

无论如何，大众也无法停止使用"我就是某某"的形式。

但耶若婆佉当时所表达的是，通过"我就是某某"的形式将"我"视为某种事物而加以同化的行为，正是一切错误的根源，也是一切不幸的起点。如果认定"我就是一种某某的概念"，将之和某种概念同化，那就意味着并没有理解古印度的《奥义书》哲学。

结果，古印度人虽然不再把"我"和财产、地位、名誉乃至肉体等同化，却把"我"和"阿特曼"（无法接触的我）这个概念同化了。

因此，释迦牟尼为了纠正这种怪异的状态，不得不提出与《奥义书》相悖的观点。正如被迫否定了苦行一样，他也被迫否定了《奥义书》哲学。

为了破除"我"（阿特曼）这个概念，斩断同化的锁链，释迦牟尼被迫成为破除这一切的人。

释迦牟尼的伟大之处在于，他独力面对古印度当时根深蒂固又至高无上的传统《奥义书》哲学，纠正其中的误解，把印度哲学导回正轨，同时还否定了"阿特曼"的概念，为下一个时代催生出了新的东方哲学。

大乘佛教的终极武器

龙 树

必杀技：空的哲学

150年前后—250年前后

主要著作：《中论》

日本称其为八宗之祖（八宗为平安时代之前传入的南都六宗，加上天台宗和真言宗）；净土真宗尊其为"龙树菩萨"。

万物皆空

一开始只有五名弟子的佛教，在释迦牟尼的无敌魅力下，迅速聚集了无数信徒，连国王、贵族等上层阶级也纷纷皈依，捐建了祇园、精舍等寺院。由于具备了经济基础，佛教组织更加迅速成长起来，逐步发展成当时印度有影响力的宗教。

自佛陀入灭百年后起，原始佛教内部由于对教义的理解不同，曾发生多次分裂，进入部派佛教时期。

结集

大多数情况下，伟大的宗教领袖一旦去世，宗教组织就会出现巨大动荡。

教祖在世时，无论出现什么问题，只要请他裁决就行了；但教祖去世后，只能由弟子相互讨论，做出决定。

比如，基层信徒提出这样的问题：

"戒律说不能囤积食物，只能吃当天化缘得来的食物。不过，囤积盐不算违背戒律吧？把盐撒到化缘得来的食物上，可以吗？"

这种细枝末节的问题，如果教祖在世，只要说一句"可以"或者"不可以"就行了。但因为没有教祖这个至高无上的领导者，所以即便是这种细枝末节的问题，也会成为争执的焦点。

一名弟子说："当然不行，盐也是食物。"

另一名弟子却说："不，盐也可以当作药来用，而药并不是食物，所以囤积它也没关系吧。"

尽管是细枝末节的问题，但组织一旦失去了最高领导者，就连这点小问题也无法顺利解决。于是，组织中便会逐渐诞生"盐派"和"反盐派"两个派系，组织内部由此生出嫌隙。

"这件事情如何处理？"

"那条教义可以这样解释吗？"

当然，这些问题基本上都是要根据教祖也就是释迦牟尼生前说过的言论加以判断。从理论上说，应该是这样处理的：

"佛陀那时是这么说的，所以这个问题应该这样回答。"

难办的是，释迦牟尼不喜欢以文字形式留下自己的言论，所以他生前说过什么，只能依靠身边弟子的记忆。

很显然，没有任何一个弟子能够听到释迦牟尼讲过的所有言论，即使是听到的那些，也有记错的可能。不仅如此，弟子还可能出于自己的某种需要，从不同的角度解释释迦牟尼的话。

所以在佛教内部，出现了这样一项运动：弟子们聚集在一起，分别给出自己记忆中释迦牟尼说过的话，把它整理成经典。这样的行为称为"结集"，在释迦牟尼去世后，定期举行。

但是，制作经典的过程极为艰难。原因在于，每个人听到释迦牟尼讲述的内容不尽相同。其实释迦牟尼自己也并不在意"前后一致"，因为对他而言，最大的目的是将面前的听众引导到开悟的境地，所以他会根据听众选择不同的技巧与方法。

比如，有这样一个故事：

某一天，一个抱着孩子的母亲来找释迦牟尼，问他一个问题：

"我的孩子生病了，现在一动不动，要怎么才能治好他的病呢？"

然而她抱在怀里的孩子早已死亡，身体都腐烂了。释迦牟尼的弟子们都觉得这个女人很疯狂，面面相觑，并且附在释迦牟尼耳边悄声建议说，"这个母亲已经疯了，不要理她""告诉她自己不是医生，不懂医术，让她走吧"。

释迦牟尼却对那个母亲说："好，我来教你怎么治好他的病。你回到街上，去问问有没有哪一家人从未死过人，找到之后，就向他们讨芥子，这样就能治好他的病了。"

听了释迦牟尼的话，那位母亲很高兴，急忙回去向街上的人打听："你家是不是没人去世？"可是，没有任何人回答说是。每一家都说自己家里有人去世："前些天，我的爷爷……""两天前，我的儿子……"每个人回答她的时候，都露出落寞的神色。

看到这些人的神情，那位母亲突然感到十分羞愧。街上的人全都经历过亲人死亡的残酷现实，但他们都已经坦然接受，也在积极生活。其实，那位母亲早就知道自己的孩子死了，她之所以坚持说"孩子没死，只是病了"，只不过是无理取闹而已。不仅如此，其实她是通过表现出疯狂的模样，陶醉于扮演"失去心爱孩子的悲痛母亲"的形象。

领悟到这一点之后，她回来向释迦牟尼道谢，恳请释迦牟尼收她为徒。

释迦牟尼说："病治好了。"

释迦牟尼阐释道理很喜欢采用这样迂回的方式。他并不会站在高高在上的角度，把难解的理论和教义硬塞给弟子。换句话说，他不会以"这件事就是这样"的形式传授道理、说服他人，而是会引导对方"请你自己试着这样做"，让对方通过实际经历，产生

"啊，原来如此！"的感觉，从亲身体验中理解（开悟）。

由于释迦牟尼很重视这样的做法，所以弟子所听到的言论，有时就会产生矛盾。比如，他可能会对某个弟子说，"走右边比较好"，对另一个弟子却可能说，"走左边比较好"。如果单纯看这两句话，会认为释迦牟尼的话自相矛盾，其实只是因为这个弟子刚好可以通过走右边而获得开悟，另一个弟子刚好可以通过走左边获得开悟而已，所以释迦牟尼才会给出不同的建议。

既然释迦牟尼的谈话内容会根据听众而调整，自然也就无法单靠听众的记忆来整理他的言论。因为不管释迦牟尼生前说过什么，弟子都必须首先判断，是应该依照句子的字面意思解读，还是应该依照针对某个特定听众的特定意图解读。

比如，前述那位母亲的故事中，释迦牟尼说的话，就属于"只针对那位母亲才有效的特定意图"，所以弟子不应该将"找芥子"一事当真。如果不知道那位母亲的回心转意（而这正是释迦牟尼那番话的真正用意），只是把他的话原封不动地记录下来，就不会明白其中的真意；如果将它当作教义，情况就会变得非常严重。所以，单纯搜集言论——"释迦牟尼说过A""释迦牟尼说过B"并非上策，必须大家一起讨论，推敲释迦牟尼的真正意图，理解他的谈话内容，再整理成经典。

但是，一个没有领导者的组织，终究无法完成如此困难的任务。不同的弟子之间，当然会出现解释上的分歧，进而产生对立。这种对立，在释迦牟尼入灭百年之后，也就是第二次结集的时候，导致了佛教的分裂。

根本分裂

"可以把前一天布施来的盐囤积起来，撒到食物上。"

"正午以后仍然可以进食。"

"可以收取金钱。"

对于上述观点，有一派人认为，"虽然很多戒律一直都存在，但其实很难遵守，所以废除也无妨"。大部分人认同这一观点，因而被称为"大众部"（Mahāsaṅghika）。相反，认为"戒律就是戒律，绝不可废除"的人，不认同上述观点，要求严格遵守戒律，他们人数较少，但多为长老（上座），因而被称为"上座部"（Theravāda）。

自从释迦牟尼创建佛教以来，一直都只有一个佛教，这时候却分裂成"大众部"和"上座部"。自此之后，佛教便一而再，再而三地发生分裂，于是这最初的分裂，被称为"根本分裂"。

后来，以大众部为源头的大乘佛教兴起，并向北传播，进入中国，再由中国传入朝鲜、日本、越南等地。上座部诸派向南传播，盛行于斯里兰卡，遍传缅甸、泰国等东南亚地区，后传入中国云南、广西等地，称为南传佛教。

大乘佛教的伟大论师

龙树，又称那伽阏剌树那（Nagarjuna）。他认为，在释迦牟尼的思想中，缘起才是佛教的重点，并将之提炼为空的哲学。"空"这个字其实在大乘佛教的经典《般若经》中就已出现，那是早于龙树的。

那么，龙树的"空"的哲学，究竟是什么呢？《般若经》中又写了什么呢？

遗憾的是，《般若经》是一部长达六百卷的庞大经典，实在难以完全阐述其中的深邃哲学。幸运的是，另有一部经典，将厚重的《般若经》浓缩成短短的262个字[1]，那就是《般若心经》。其中有一句话，我们应该都非常熟悉：色即是空。

《般若心经》

· 它是一部作者不详的谜之经典。

· 是《般若经》系列中一部言简义丰、博大精深、提纲挈领、极为重要的经典。

---

1 日本通行的汉译本比中国通行的玄奘译本多了两个字，即"远离一切颠倒梦想"中的"一切"二字。

·现存最古老的原典（梵文版），存于日本奈良的法隆寺。

·我们平时看到的《般若心经》，是《西游记》中唐三藏的原型玄奘法师翻译的中文版。

《般若心经》的中译版（唐三藏法师玄奘译）内容如下：

观自在菩萨、行深般若波罗蜜多时、照见五蕴皆空、度一切苦厄。

舍利子、色不异空、空不异色、色即是空、空即是色。受想行识亦复如是。

舍利子、是诸法空相、不生不灭、不垢不净、不增不减。是故空中无色、无受想行识、无眼耳鼻舌身意、无色声香味触法。无眼界乃至无意识界。无无明亦无无明尽、乃至无老死、亦无老死尽。无苦集灭道、无智亦无得。

以无所得故、菩提萨埵、依般若波罗蜜多故、心无挂碍。无挂碍故、无有恐怖、远离一切颠倒梦想、究竟涅槃。

三世诸佛、依般若波罗蜜多故、得阿耨多罗三藐三菩提。

故知般若波罗蜜多、是大神咒、是大明咒、是无上咒、是无等等咒、能除一切苦、真实不虚。

故说般若波罗蜜多咒。即说咒曰：

揭谛揭谛、波罗揭谛、波罗僧揭谛、菩提萨婆诃。

翻译成现代白话文，意思如下：

观自在菩萨在过去做深邃的"智慧修行"时，领悟到世上的各种存在与现象，都是空（没有实体），便从一切烦恼中解脱了。

舍利子啊，色与空没有区别，空与色没有区别，色就是空，空就是色。感受、思考、判断、意识，这些精神作用也都是空。

舍利子啊，这世上的一切存在都是空。既没有生死，也没有存灭。既没有污秽，也没有洁净。既没有增加，也没有减少。所以，在这个空的世界中，没有色，没有感觉，没有思考，没有判断，没有意识，这些精神作用全都是无。也没有眼、没有耳、没有鼻、没有舌、没有身体、没有意识。也没有它们所感知的颜色、声音、气味、味道、感触，以及意识的对象。双眼所见的世界，意识所想的世界，全都是无。没有无明，也没有无无明。没有老死，也没有不老死。既没有"人生即是苦"的真理（苦谛），也没有"苦的原因在于执着"的真理（集谛）。既没有"只要去除执着，就能消灭苦"

的真理（灭谛），也没有"有方法消灭苦"的真理（道谛）。没有知道，也没有得到。

本来就不会有得到。菩萨因为做了"智慧修行"，心中没有牵挂。因为没有牵挂，也就没有恐惧。远离认知的世界，抵达安详境地。

三世（过去、现在、未来）的一切佛，都因这"智慧修行"抵达完全开悟的状态。

因此，人应当知道。知道"智慧修行"的神秘真言（咒语）。知道变得明晰的真言（咒语）。知道无可超越的真言（咒语）。知道无可比拟的真言（咒语）。是可以去除一切苦痛，真实不虚的东西。

那么，就来念诵"智慧修行"的咒语吧：

揭谛揭谛、波罗揭谛、波罗僧揭谛、菩提萨婆诃。（去吧去吧，往彼岸去吧，完全抵达彼岸的人就是开悟了，祝你好运！）

色即是空、空即是色

提到《般若心经》，"色即是空、空即是色"一句很著名。

"色"即形色、色身等，指的是肉眼可见、双手可触、可以确信真实存在的东西，简言之，一切"物质"形态。"空"指虚空、真空，可以理解为没有实体。

因此，"色即是空"，就表示"物质没有实体"。而下一句"空即是色"，表示"没有实体就是物质"。

"A和B没有不同，B和A没有不同。A就是B，B就是A。"

而这里的A是"色"，B是"空"。即：

色（物质）=空（没有实体）

不过，"空"所表示的"没有实体"，到底是什么意思呢？

其实类似"空"的概念，在释迦牟尼在世时已经出现了。释迦牟尼开悟之际，有一项所谓"缘起"，龙树便是将之发扬光大，发展出"空"的哲学。

缘起

释迦牟尼悟出的"缘起"是什么？他以一流的洞察力意识到，"各种事物必然都是因为某种因缘而发生的，并会不断生灭往复，没有什么永恒不变"。

人们经常会说，"很高兴有机缘参加这个活动"，他们的意思是说，"刚好有人邀请""原本的行程突然取消于是有了时间"等"间接原因"（机缘）汇集在一起，终于导致事情发生。

所以说，事情绝不会无缘无故突然发生。

比如"A同学正在去学校"这件事。也许有人认为，A同学是自己主动引发了这个现象的。事实上，如果学校位于相反的方向，他显然就不会朝现在这个方向走；如果没有人建立学校，他更是根本不会去学校。甚至他所走的那条路，也是有人在那里建设起来的。

不仅去学校的现象是这样，其他各种事情都是这样，都是由大量复杂的机缘（间接原因）交织在一起才得以成立，事情绝不会纯粹自发产生。同样地，任何事物或者现象，也都无法独立存在，而需要由许多机缘（间接原因）相互交织才会发生。那是一种从无到有又从有到无的没有实体的东西。

于是龙树便根据"缘起"，发展出一套"空"的哲学：一切事物和现象只能在相互关联中得以成立，而无法以实体的形态独立存在。

空的哲学

要理解龙树的"空"（没有实体），最合适的经典莫过于《那先比丘经》（*Milindapanha*）。

一日，弥兰陀王问高僧那先比丘：

"你是那先比丘吗？"

那先比丘回答说："是，别人都这么叫我。不过那只是一个'名称、概念、惯用称呼'，其实并不存在'那先比丘'的实体。"

那先比丘明明就在面前，为何他说自己"没有实体"（＝空）呢？

弥兰陀王颇为惊讶地继续问："那先比丘啊，如果你没有实体，那么接受袈裟、食物、寝具、医药的人是谁？努力修行的人是谁？如果你没有实体，那么我杀了你，岂不是并非杀生？既然你说'别人叫我那先比丘'，那么别人口中的那先比丘到底是什么？你这具躯体不是那先比丘吗？"

"并非如此。我的指甲、牙齿、肌肉、骨头，并不是那先比丘。"

"那么，所看到的、所感受到的感知作用与意识，才是那先比丘吗？"

"并非如此。"

"既然这样，那么那先比丘岂不是不存于任何一处？难不成你是在戏耍我？"

那先比丘的回答实在太让人困惑。弥兰陀王感到十分不解。

这时候，那先比丘忽然转换了话题。

"今天真是很热。大王今天是冒着炎炎烈日走来的吗？"

"不是，我是乘马车而来。"

"那么请问大王，马是马车吗？"

"不是。马就是马。"

"那么，缰绳是马车吗？车轮是马车吗？鞭子是马车吗？"

"不，这些都不是。"

听到弥兰陀王的回答，那先比丘笑道："既然如此，马车岂不是不存于任何一处？大王说自己乘马车而来，难不成是在戏耍我？"

弥兰陀王沉吟片刻："原来如此。所以说马、车轮、缰绳等构成了'马车'这个'名称、概念、惯用称呼'，而并不存在'马车'这个实体，是这个意思吗？"

"大王说得极是。大王已经理解了何为'马车'。我也和马车一样，是因为指甲、牙齿、肌肉、骨头，还有意识等集合在一起，才产生了一个叫作'那先比丘'的名字，并不是有什么确切的实体叫作'那先比丘'。大王啊，我听说，释迦牟尼在世的时代，曾有人对他说过这样的话：每个名称首先应有要素存在，才会形成那个名称，正如多个部分合在一起才构成'马车'这个名字一样。"

把这段《那先比丘经》的故事换成现代的说法，大约是这样的意思：

"所谓'自行车'，只是将把手、脚踏、轮子、链条等若干零件组合在一起，然后用这个名字称呼而已，并不是真的存在一种名叫自行车的独立物品。"事实上，如果拆下把手、脚踏，"自行车"也就不复存在了。可是，拆下来的显然也不是"自行车"这个东西！所以说，"自行车"并不是某种确切的实体，而是将一种由把手、脚踏等零件组合在一起构成的东西称为"自行车"而已。

这一说法也同样适用于构成自行车的零件。比如，"把手"似乎是一种确切存在的物品，实际上它也是由"铁原子"聚合在一起构成把手的形状，从而得到这个称呼的，并不是真的存在一种名叫把手的独立物品。如果分解成铁原子，把手也就会随之消失。

那么，构成把手的铁原子，总该是确切的物品了吧？在一般人的认知中，原子是一种"形状圆圆的小粒子"，是一个确切的物体。实际上，它和"自行车""把手"都是一样的。

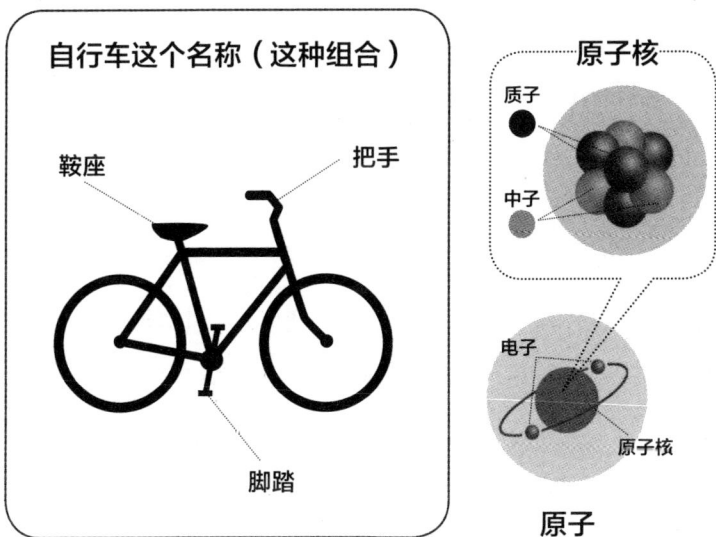

自行车这个名称（这种组合）

鞍座

把手

脚踏

原子核

质子

中子

电子

原子核

原子

如图，铁原子是由"原子核"与"电子"组合而成的，并不是真的存在一种名叫"铁原子"的物体。只要分解成"原子核"与"电子"，"铁原子"也会消失不见。

原子核也是一样的情况。它是由质子和中子构成的。质子是由若干夸克构成的。那么夸克就是确切的实体吗？实际上，分解到这个地步，已经超出了能够观测的极限，我们已经没办法确认了。无论如何，我们终究可以说，我们平时以为确切存在的物品，其实都和自行车一样，并没有实体。

总而言之，我们其实只是从某种集合体中切割出一部分，给它起个名字而已。具有一个名字，并不表示它真的是独立存在、确切永恒的东西。

关于"切割出一部分，给它起个名字"，其实每个人都可以按照自己的喜好去"随便切割某个部分"，并不需要遵照某种既定的规则去切割。

举个例子，我们可以将"把手"以及它周围的"氧气分子"，还有刚巧在它对面的"邮筒"视为一个整体切割出来，给它起个名字。实际上，如果有人能够通过这样看待它们的方式获得某种好处（价值）——比如说，有人因为这三者之间产生的联系而在自己的手中聚集了宏大的宇宙能量，释放出原本隐藏起来的超能力——那么应该早就有人用这种方式把它们切割出来，并且给它们起好名字了（比如"永恒之血"之类的中二名称）。

当然，对于无法理解这种好处（也就是找不到这样切割的价值）的人来说，则会觉得将"把手""氧气"和"邮筒"结合在一起，并且还给其起名字的做法，实在是太莫名其妙了。

现实生活中也是如此。无论自行车、邮筒、铁原子、国家、银河系、那先比丘、永恒之血，全都是一回事，都是人们随意给它们起了这样的名字而已，并不是真的存在这样的事物（实体）。这些都是人们随意决定的。"从这里到那里，就叫把手"，人们将之切割出来，才诞生了名为把手的东西。如果没有这个前提（没有切割出某部分的人），就不能说存在把手这种东西。

至此为止，我们讨论的都是"物质"这种"空间中的静态事物"，其实同样的推理也适用于"现象"（事件）这种"时间上的动态事物"。从下面这个角度可能会比较容易理解这个概念：在"空"的哲学中，各种事物都是在相互关联中成立的。

比如在某处发生了一件事："A球飞过来，撞到B球，把B球撞飞了。"我们通常会把这种事情看作不容否认的事实，认为这是一件再清楚不过的事情。事实上，其实这只是我们自以为"A这个施力者单方面将力量作用到B这个受力者身上"，所以才会产生"A把B撞飞"的认知。

其实各种物理现象都是"相互作用"。所谓"相互作用"，正如字面含义，是"相互产生作用"（相互造成影响）。现代物理学认为，宇宙中产生的所有物理现象，背后都存在相互作用。换句话说，无论什么物理现象，都必然是四种力（电磁力、引力、强核力、弱核力）中的一种或几种引起的。而这四种力，都是相互作用的。更明确地说，在这个宇宙中，只有相互作用。换言之，绝不存在"某个物体单方面对另一个物体造成影响"的情况。

因此，虽然我们通常会说，"苹果掉到地上了"或者类似的话，但这种现象其实是苹果和地球之间存在的引力所导致的结果。严格来说，通常的说法是有问题的，因为苹果其实也以同样大小的力量吸引着地球。所以准确的描述方式应该是"苹果和地球相互吸引"。如果说"苹果掉到地上"，或者"苹果因为引力而掉落"，都是片面的，都忽略了苹果的作用。这些说法都是人类自以为是的认知。

除此之外，我们还会把现象区分为"原因"和"结果"，认为"原因→结果"是绝对的关系。比如以前述的A球和B球为例，我们就是把事件区分为原因（A球飞过来）和结果（B球被撞飞）的。如果一开始没有把B球放在那里，A球和B球自然不会相撞，所以，真正的原因也可以说是"B球在那里"。这就会导致互相推诿，彼此指责对方才是导致碰撞的原因。

"撞到一起是因为你飞过来，是你的错！"

"不对！撞到一起是因为你挡在那里，是你的错！"

既然原因可以像这样随着主观看法而改变，就说明"原因"只不过是"随意指定"的产物。

这也就是说，我们平时所说的"原因"一词，其本质在于每个人的"随意指定"，并不是真的存在一个不证自明的"原因"。

接下来，我再提出一个关于原因与结果的看法。

"A球飞过来，撞到B球"，这一说法暗示着可能存在某个主体，"故意把B球放在A球可能撞到的地方"。如果把引起"撞到"这一结果的真正原因（幕后黑手）理解为"故意把B球放在那里的某个主体"，也是顺理成章的吧？

我们也可以从完全相反的角度来看待这件事中的原因和结果。

让我们换个想法，把"故意把B球放在那里"，改成"为了让B球被撞，才故意放在那里"；或者改成"因为会被撞，所以才把B球放在那里"。这样一来，"撞到"反而可以视为原因，它引发了"把B球放在那里"的结果。

也就是说，可以从截然相反的角度，轻易扭转原因和结果之间的关系。

"因为B球放在那里，所以才会被撞到。"

"为了让B球被撞到，所以才放在那里。"

或许有人会对这样的说法提出反对意见："这可不对，有时候可能只是刚巧把B球放在那里，结果发生了撞击这个符合物理法则的自然现象。在这种情况下，我们就不能说是有一种'为了让B被撞到，才把它放在那里'的意志在充当幕后黑手。所以这种时候，原因和结果之间的关系并不能逆转。"

然而这一说法的问题在于，我们如何能够断言，不存在那样的意志呢？也许上帝在创造宇宙时就已经决定要在那个时间、那个地点，让A球和B球相撞呢！也许上帝就是为了实现这个目标，才通过缜密的计算，设定了物理法则（编写这样的程序）！

事实上，如果创造出这个宇宙的上帝跳出来向反驳的人说，"你错了！我正是为了让A球和B球相撞，才设计出巧妙的物理法则，创造出这个宇宙的！"，那么，持反对意见的人，大概也不得不承认，"撞到"才是真正的原因（事件的起源）吧。

当然，反对者可以说，"不可能有这样的事。我们根本不知道上帝是否存在，而且就算上帝存在，也不会搭理这种无聊的事情"，但我们还是可以回答他说，"你的话不就是在承认自己不知道是否存在那样的意志吗？既然如此，你当然也无从判断哪个是原因、哪个是结果"。

明明无从判断原因和结果、不知道哪个才是真的，却敢大言不惭地断定"就是这样"，这不正是"随意指定"的想法吗？

反对者也许还会负隅顽抗："哪有这种事，你只是在狡辩。物理法则是确定无疑的，现象是在遵照物理法则而发生。原因和结果之间的关系不证自明。"

然而，西方哲学家休谟很早以前就否定了这样的观点。他说："物理法则只是人类依据自己的经验认为'存在这样的绝对法则'，进而转换成信念。我们其实完全无从得知是否真的存在那样的物理法则。"也就是说，这里根本没有什么不证自明。

综上所述，我们通常认为确切存在的"物质"（A和B）、

"现象"（A对B做了什么），其实都是出自我们自己的"随意指定"，只是"看似如此"而已。

这个世界的真正模样，本来只是一团混沌，没有A也没有B，没有这个也没有那个，一切都是交织粘连的海洋般的模样。我们从这片粘连的海洋（一切都连接在一起的宏大关联性）中刻意切割出"这是A""这是B"，或者切割出"A→B"这种带有特定方向的关系，再给它们起一个"某某现象"的名字，或者将之描述为"A对B做了什么"。诸如此类的命名和描述，都是世界的一部分，是根据某种价值标准切割出来的。不能因为有了这样的命名和描述，就认为它们准确呈现了世界（整体）的模样。

然而我们轻易说出"苹果掉下来""那人打了我"之类的话，以为这些话就呈现出世界的真实模样（实际上，说不定是脸打了拳头呢！）。

这段话有点长，总之我想表达的意思是，"我们认为'存在'的东西，其实都是我们自己先把它那样子'区别'出来，它才会那样存在的。绝不是因为有那种东西（的实体），它才存在"。

反过来说，"这种没有实体的东西（区别之后才出现的东西），正是我们所认为的'存在'"。

也就是说，色即是空，空即是色。

存在没有实体。存在的是没有实体的东西。

| A在那里（存在） | = | 在那里"区别出可以用A这个名字称呼的部分" |

"存在""存在着什么"，相当于"区别出某个部分"

般若（智慧）的境地

遗憾的是，刚才所说的"色即是空"，既不是《般若心经》的核心，也不是佛教的真谛。"空"的哲学最多不过是预备知识，相当于入门而已。接下去才要进入真正的核心。

顺便说一句，《般若心经》的"般若"两个字，是巴利语"paññā"的音译，而"paññā"本是智慧的意思。因此，《般若心经》也就是"智慧心经"，是为了解释智慧而写的一部经书。

那么，《般若心经》展示的"般若"（智慧）是什么呢？

通常的说法是这样的：

"万物皆空，都是没有实体的虚幻，因此执着并无意义。释迦牟尼悟出这个真理，放弃了执着，也超越了一切苦痛。即使明白这个道理，我们也很难做到。只要从一切皆空的角度去看待这个世界，内心就会变得十分轻松。"

一般人会以为这种类似生活准则的说法，就是《般若心经》

的"智慧"。

这种通俗的解释当然有它的美好之处，一般人也会易于理解。但是，这并不是《般若心经》展示的"智慧"。

让我们继续看《般若心经》接下来的部分。

"无区别"的实践

"色即是空"之后，才是《般若心经》的真正精髓。

> 舍利子啊，这世上的一切存在都是空。既没有生死，也没有存灭。既没有污秽，也没有洁净。既没有增加，也没有减少。

如果没有人类的某种价值标准（每个人按照自己的喜好加以区分），世界上就不会存在各种东西。不会存在污秽的东西、洁净的东西（同样地，自行车、铁原子、国家、银河系也都不存在，因为它们也是根据某种价值标准切割出来的）。

> 所以，在这个空的世界中，没有色，没有感觉，没有思考，没有判断，没有意识，这些精神作用全都是无。

从这里开始，《般若心经》的内容变得有些难懂了。

希望各位读者注意的重点是，在这段文字中，其主张已经由"空"转向了"无"。在此之前，《般若心经》论述的是"空＝无实体"，而从这里开始，则要根据前面说的"空"，进一步阐述"无"（不存在）的观点。

换言之，《般若心经》的主题，从"空"（无实体）转到了"无"（不存在）。从这里开始，《般若心经》大胆断言，仿佛存在于现实中的、我们的主观意识体验，其实全都是"无"（不存在）。

顺便说一句，在大部分解读《般若心经》的书中，都会以如下的方式解释这部分内容：

"这里突然说到'无'，各位或许会感到惊慌，其实佛教绝不是虚无主义。这里所说的'无'，并不是指'不存在'。各位不妨把它理解为'因为空，所以执着是无益的'。"

如前所述，通俗的解释会把《般若心经》解读成"一本告诉我们万物都没有实体、一切皆是虚幻，所以不应执着的经典佛经"，所以出现上述的解释并不奇怪。事实上，"空"（无实体）还算可以接受，而"无"（不存在）听起来就有点过头了。所以，有些诠释者会在解释的时候把"无"替换成"不执着"。

然而，本书坚持按照字句内容直译。我们姑且先把《般若心经》想要表达的意思当作"无＝不存在"，继续往下看。

《般若心经》也参考了龙树所写的《中论》。在那本书里，龙树反复提及"无",不断否定一切。

为什么龙树要提出"无"呢？他本可以只说这样一些话，"既然没有实体，不妨放弃执着生存下去"，博得听众的交口称赞，但他偏要使用"无"这种带有强烈否定意味的字，这到底是为什么呢？

这里的原因，需要到佛教的历史中去寻找。从释迦牟尼的时代开始，就有那先比丘的故事中所提到的那种说法："就像是不同部分合在一起才构成'马车'这个名字一样，每个名字都是由相互关联的要素组合在一起而形成的。"

也就是说，在很早以前，就已经存在"空"的思维基础了："事物只是要素的集合，并非实体。"只不过，在释迦牟尼入灭后，随着时间的流逝，渐渐演变成如下的解释：

"虽然没有实体，但构成实体的源头'要素'，还是'存在'的吧。"

前面我们说过，原子是由"原子核与电子"这些要素构成的。原子核是由"质子与中子"这些要素构成的。它们都不是实体。如果继续这样分解下去，难免会有人认为，迟早会遇到无法再分解下去的绝对要素（有实体的东西）吧。

佛教徒也有类似的想法。虽然任何事物都是在关联性中成立的，是形成之后又会消失的虚幻，但创造出那种关联性的根本性"要素"，岂不是实际存在的吗？

所以，他们把这种根本性"要素"定义为永恒不变的东西，认为应该建立一门学问来分析要素的种种关联性，加以系统化。

这似乎是一门很了不起的学问，问题在于，它和释迦牟尼一开始想要表达的观点完全背道而驰。最终，这门尝试性的学问，在没有任何依据的情况下，由各人自己的喜好定义出各种各样的"要素"，设想出各种各样的观点。最终演变成令人难以理解的复杂论述，状况变得无法收拾。

龙树是少数几个正确理解并继承释迦牟尼哲学的人物之一。他想要阻止这样的乱象。因此，他必须撰写这样一本经典，以强有力的语气彻底否定："不存在那样的要素""常识所以为的存在，全都是无""没有过去、现在和未来，也没有长和短。一切都是相对的。看似'有'的东西，实际上还是'无'。"

这一部分，与释迦牟尼所说的"我不存在"，可视为同一个意思。

龙树是不得不提出"无"这一说法的。因为只要说"有"，那么释迦牟尼真正想要表达的意思就会化为泡影。龙树很清楚，只有彻底否定，才能到达"释迦牟尼体验过的那种境界"。正因为如此，他才会写出一本不断强调"无"的经典。所以，继承了龙树哲学的《般若心经》，也彻底贯彻了对"无"的否定。

　　也没有眼、没有耳、没有鼻、没有舌、没有身体、没有意识。也没有它们所感知的颜色、声音、气味、味道、感触，以及意识的对象。双眼所见的世界，意识所想的世界，全都是无。

没有眼、没有耳、没有感觉、没有意识，也没有意识的对象。这个世界什么都没有。首先需要说明的是，这些话并不是说"万物皆空，所以不必执着"，而是"无"。对于常识中认为确实"有"的事物，《般若心经》也一样断言"没有"，加以否定。

但《般若心经》的"无"，不仅仅指向世界。

> 没有无明，也没有无无明。没有老死，也没有不老死。

所谓"无明"，就是没有开悟的状态。"无无明"就是开悟。因此第一句话的意思是，"无论开悟与否，都是虚假的"。但这显然是在否定整个佛教。因为佛教本身追求的就是"释迦牟尼抵达的开悟境界"，这里却说"不存在那样的开悟"，等于是从根本上否定了佛教。

接下来的"没有老死，也没有不老死"，固然可以按照字面意思解释，其实也包含了对佛教"十二缘起"教义的否定。

佛教的十二缘起，形如"因为有无明，所以有○○；因为有○○，所以有△△；因为有△△，所以有老死"，简言之是一种佛教特有的理论，认为"因为有无明，所以经过连锁反应，才会有老死的不幸"。反过来说，"只要无无明（开悟），就不会有老死"。因此，它是赋予佛教徒动机的重要教义。但《般若心经》将它彻底否定。

接下去，《般若心经》还在继续否定佛教的教义。

> 既没有"人生即是苦"的真理（苦谛），也没有
> "苦的原因在于执着"的真理（集谛）。既没有"只要
> 去除执着，就能消灭苦"的真理（灭谛），也没有"有
> 方法消灭苦"的真理（道谛）。

释迦牟尼所说的基本中的基本，就是"四谛"与"八正道"。而《般若心经》对此也加以全盘否定。它否定一切，无论是释迦牟尼还是佛教的根本教义，一个都不放过。

无、无、彻底的无！

但是，这样的否定，究竟能得到什么呢？能得出什么了不起的见解吗？不能！《般若心经》连这样的期待都要彻底否定！

> 没有知道，也没有得到。
> 本来就不会有得到。

在这一刻，《般若心经》已经否定了一切。它否定了物质、世界、感觉、意识、佛教、释迦牟尼的开悟。它说："没有这些东西！"它彻底否定了这一切的一切。

到了这里，《般若心经》又突然转变了文风，唐突地说了一些正面的话。

菩萨因为做了"智慧修行"，心中没有牵挂。因为没有牵挂，也就没有恐惧。远离认知的世界，抵达安详境地。

三世（过去、现在、未来）的一切佛，都因这"智慧修行"抵达完全开悟的状态。

刚刚还在说"无、无、无开悟、无得到"，怎么又突然转向了呢？

这里要注意的是，出现了"智慧修行"这个词。虽然一开始也出现过这个词，但这里说的是，通过"智慧修行"，就可以抵达开悟的境地。

这个"智慧修行"究竟是什么意思？其实，之前一直在说的"无、无"，一直否定一切的行为，正是"智慧修行"。可为什么一直说"无、无"，一直否定一切，就是"智慧修行"呢？另外，"智慧"（般若）究竟是什么呢？

智慧的秘密

有两种方法"学习事物，理解事物"。

一种是将现有知识加以组合，由此增加新知识。

比如，通过"加法"和"重复"的知识，我们可以理解"乘法"（重复的加法）的新知识；也可以从"乘法"和"倒过来"的知识中理解"除法"（将乘法倒过来）的新知识。另外，把"加法"和"乘法"等运算知识组合起来，就可以理解"方程"这种新知识。只要不断这样继续，总有一天我们可以理解微分、积分等高度知识。

这就是通过知识获得新知识的方法，也是我们在日常生活中用于理解的常用方法。

这种理解知识的方式，称为分别智。

不过，虽然说的是"组合知识"，但所谓知识其实也是"语言的集合"。比如："　是××，因此，△△的部分就是□□，而且☆☆。"

不管什么知识，都要使用某种语言、根据某种语言规则串联在一起，以语句的形式呈现。因此，所谓"组合知识、获得新知识"，其实就是组合一些语言（语句），创造新语言（语句）的行为。

关于语言，龙树在《中论》中写下这样的论述：

"去这件事，与去的人不可分离。如果我们说'去的人去'，那就会有两种去。一种是'去的人的去'，另一种是'去这件事的去'。"

（若去者有去，则有二种去：一谓去者去，二谓去法去。）《中论》观去来品第二

不愧是出了名难懂的《中论》。一眼看上去，根本搞不懂这段文字在说什么。不过，如果把"去"替换成"走路"，或许稍微容易理解一点。

我们平时很容易使用"走路"这个词。实际上，存在的是"走路的人"（走路的张三，走路的李四），并不是（脱离张三而存在的）"走路"。"走路"本身不存在实体。然而在我们的日常说法中，会把"走路"这个词从"走路的人"中分离出来，就像是存在一种叫作"走路"的普遍现象一般。

龙树对此提出了质疑：

"人们擅自使用'走路'这种说法，但怎么能把它从'走路的人'中分离出来呢？如果存在脱离了走路者的纯粹的'走路'现象，那岂不是要说'走路的人走路'吗？为什么要说两次走路呢？"

实在人让人头疼了。呼啸的踢腿在呼啸，打中的拳头已打中。[1]这种说法实在太可笑了。

1　这两句都是日本漫画家岛本和彦的格斗漫画《炎之转校生》动画版的片头曲歌词。

本来就没必要把"走路"从走路的人中分离出来。因为如前所述，这个世界本来就像是一切事物相互关联的"粘连之海洋"。换句话说，并不存在一个明确切割出各种事物的世界。

然而人类硬要切割这个不该切割的世界，把世界分成"这个"和"除这个以外"，并且把"这个"命名为"A"，说"A存在"。显然"A"这个名字所指代的"这个"，并没有实体。因为"这个"所代表的只不过是人类在原本什么都没有的地方画出分隔线，硬是切割出来"这个"和"除这个以外"，才得以产生的。

因此，不管是A也好、B也好，石也好、山也好，走路也好、说话也好，一切语言所指称的都不是"存在于世界上的东西"（实体），它们指称的只是人们根据某种价值标准切割出来的部分而已。因此，所谓语言，可以说就是"区别"（分隔线）。

所以，将一些语言（知识）组合起来得到新语言（知识）的行为，就等于是将各种区别组合起来，形成新区别。

"透过区别（差异）的体系来认识事物（世界）。"

正因为如此，才得名"分别（区别）智"。

不管是科学、数学，还是哲学，只要是以语言（用于区别的符号）组合作为记述手段，那便属于"分别智"的范畴。此外，与我们息息相关的"思考"这一行为，因为也只能在语言组合的范围内产生，因此也属于分别智。所以，所有人类的知识活动，都算是分别智。

除了"分别智"之外，人类还有一种理解方式——或者更准确地说，是"应当有"。

各位请想一想，人类的知识活动确实是因为"语言的组合"而呈现异彩纷呈的成果，但最早的"语言"是从何而来的呢？

比如，婴儿刚出生的时候，不懂任何语言，所以他们无法通过思考（通过组合语言来从事知识活动）来理解事物。即使我们对他们说"苹果"这个词，他们也只会当成不明所以的发音"Ping Guo"，脑海中并不会浮现出"苹果"两个字，也不会想到红色水果的形象。

不仅如此，就算我们拿真正的苹果给婴儿看，他们也不会知道那个就是"苹果"。这里的"不知道"，可不是说他们"不知道它的名字叫苹果"。成年人一眼就能知道"盘子上放着苹果"，但对于不懂任何语言的婴儿来说，他们连苹果与盘子的分隔线（差异）都不知道，而且他们也还没有从这个世界中切割出"某某放在某某上面"的普遍概念，当然无法理解眼前的状况。如果婴儿能够理解"苹果放在盘子上"的概念，那么其实他就已经能够区分盘子和苹果。即使不知道"苹果"这个名字，也不知道如何发音，但在哲学上，依然可以将他视为"已经学会了语言"。

但是，婴儿最初的"理解"，从何而来？

婴儿需要从"连成一片的景色"中，区别出"这个"以及

"除这个以外"的两部分。他需要先从这个世界中切割出原本并非以"实体"形式存在的普遍概念。他需要意识到，就算音高不同，但爸爸妈妈发出的"Ping Guo"这个声音，依然是指同一个对象。

婴儿是如何从完全的"零"的状态中，产生出这样的理解的呢？由于婴儿不懂语言，所以至少他不可能像我们平时那样，通过"运用语言的思考活动"（分别智）来实现那样的"理解"。

这也就是说，必然存在另一种理解方式，能让我们不通过任何语言来理解这个世界!

这里的另一种理解方式，正是《般若心经》中称为"般若"（智慧）的东西。也正因为它不需要通过语言去理解，因此也被称为"无分别智"。

所谓"无分别智"，正如字面所示，就是不依靠区分（"语言化"，即将某种东西从世界中切割出来），而是以直觉进行理解，事实上，释迦牟尼悟出的"真理"，正是一种只能以无分别智（智慧）加以理解的东西。佛教徒都以抵达无分别智的境界为目标，而佛教则是向他们展示抵达那种境界的方法论（修行法）。

要怎么做才能抵达无分别智的境界呢？非常简单，只要停止区分就行了。每个人在婴儿时期都曾有过无分别智，因此只要停止区分、放弃"分别智"，回到婴儿时期的"极度无知"，那么我们最初拥有过的理解能力"无分别智"，一定就会再度出现。

如何才能停止区分？有效的方法是"否定一直以来的区分"。正因为如此，《般若心经》才会格外强调一切都是"无、无"。这是不留余地的绝对否定，连绵不绝的"无"攻击。无论大脑里闪过何种思考、区分，或者语言，《般若心经》都会立刻击溃它。

"世界是确切存在的吧？"

"那只是你的随意认定而已，其实不存在的！"

"可是我们确实有着这个世界的意识体验呀。"

"那只是你的随意认定而已，其实不存在的！"

"释迦牟尼是神一般的伟大人物，只要照着他的教诲去做就好了。"

"那只是你的随意认定而已，其实不存在的！"

对于通过思考（分别智）创造出来的所有事物，《般若心经》全都加以"否定"，将之彻底粉碎。《般若心经》就是要把所有区分破坏殆尽，使它的读者都堕入虚无的地狱。

不过，这种"用'无'攻击脑海中浮现出的一切，将之全部否定"的方式，并不适用于"无分别智"。不论如何努力，都无法否定它。

原因在于，"无"的否定攻击，遇到了最为坚固的、无法击溃的"区分"。无论再怎么强烈的否定，也破坏不了这个最强大的区分。它就是：

"我"与"他者"的区分。

"我与他者""自己与世界""我与非我之物",恐怕是我们最先建立的区分。它是最原始的区分。

比如,当有人对我们说"没有什么苹果,不要再随意认为存在苹果了",我们或许可以理解并放弃这种区分(把苹果和非苹果之物切割开来的区分)。即使我们不断放弃诸如此类的区分,到最后也会剩下最坚固的区分,也就是名为"我"的区分。

这个名为"我"的区分,无法以"无"的攻击击溃。这是因为,就算所有事物都能用"无"来否定,正在使用"无"进行否定的我,终究还是存在的。

不管如何质疑自己的存在,"正在质疑的我",本身就是一种绝对无法质疑的存在。就算"质疑正在质疑的我的存在性",还是会存在"正在质疑此事的我"。同样地,不论如何坚持无世界、无我,"正在坚持无的我",必然是存在的。

"我"是为了"我存在"而设的区分,是我与非我之物的分隔线,也是无从破坏的绝对领域,AT Field[1]。

唯有成功摧毁这个最后的区分,佛教所追求的"终极智慧"(般若),才会出现。

讲到这里,《般若心经》终于要进入最后的部分了。而且,

---

1 日本动漫《新世纪福音战士》中的名词,表示一般攻击无法摧毁的"绝对防御场"。

这一部分有着出人意料的发展。

因此，人应当知道。知道"智慧修行"的神秘真言
（咒语）。知道变得明晰的真言（咒语）。知道无可超
越的真言（咒语）。知道无可比拟的真言（咒语）。是
可以去除一切苦痛，真实不虚的东西。

不知道为什么，《般若心经》突然在这里提到了"咒语"。

为什么突然说到这么神秘的东西？在此之前，《般若心经》
明明是在彻底否定一切事物，为什么突然态度发生了一百八十度
的大转变，说什么"只要念诵这种咒语，就能解决一切问题"？
这不禁让人有种功亏一篑之感。

而且，释迦牟尼一向不喜欢咒语之类的东西，从不和这种神
秘事物扯上关系。《般若心经》宣扬咒语，岂不是背离了释迦牟
尼的哲学，在最后时刻露出马脚了吗？

其实不是。尽管《般若心经》声称"咒语"具有不可思议的
力量，仿佛背离了释迦牟尼的观点，但它其实还是遵循释迦牟尼
哲学的。

为了不让各位读者误会，这里要先说明的是，《般若心经》
中提到的咒语其实没有什么特别的意思，更没有什么神奇的力
量。如果听听咒语就能开悟，那么众人早就开悟了吧。如果仅仅
念诵咒语就能产生奇迹，那么历史上也不至于发生那么多僧人遭

受迫害的事件了。不管神秘主义者怎么说，许多历史事件都足以证明，咒语并没有什么奇异的力量。

这样也挺好，或者更应该说，不存在什么莫名其妙的神奇力量，其实是一件好事。不过在这里同样需要强调的是，无论如何，"咒语"还是很了不起的。因为，要打破"最后的区分"，没有什么比咒语更有效了。

咒语的效用

说起来，在一切区分都被摧毁之后出现的"无分别智"，到底是什么呢？

不再区分、停止思考，默默维持纯粹的意识（维持观众的身份），于是就会迎来一个一切合而为一的瞬间。一切都会融合在一起，再没有自我和他者之分——不过，这未必会是令人陶醉的美好体验。

一切区分都不复存在，一切都融合在一起，这意味着自我的瓦解。那是犹如水滴落入大海而消失的体验，是枝头的枯叶化为泥土而消失的体验，是令人恐惧的"死亡体验"。

耶若婆佉曾在《奥义书》中提到：

只要仿佛有二重性，那么，这个嗅另一个，这个看另一个，这个听另一个，这个欢迎另一个，这个想念另一个，这个知道另一个。

一旦一切都成为自我，那么，依靠什么嗅谁？依靠什么看谁？依靠什么听谁？依靠什么欢迎谁？依靠什么想念谁？依靠什么知道谁？依靠它而知道这一切，而依靠什么知道它？……哦，依靠什么知道这位知道者？

这里的第一段内容想要表达的意思是，正因为有"我与世界""自己与他人""认知者与认知对象"等二者（二重性），"看""嗅""听""欢迎"等行为，才得以成立。

接下来，耶若婆佉又说，"一旦一切都成为自我"，这句话的意思是，当原本区分"我"与"世界"的界限消失的时候，让"自己与他人"的区分消失的时候，当世界成为我的时候——"依靠什么看谁？"——也就无法再进行前面那些行为了。要"看"某种东西，需要有一个前提：要存在"看的主体"和"被看的对象"（二重性）。原本用于区分两者的分隔线既然已经损坏，"梵"（感知的客体、世界）与"阿特曼"（感知的主体、我）合二为一，那么便无法再进行"看""嗅""听""欢迎"等行为了。

这种无法进行"看""嗅""听""欢迎"等行为的境界，对于日常生活中的"我"而言，显然是一种"死亡"。与"世界"成为一体、不再具有二重性之后，"与他者相区分的、被切割出来的我"，也就不复存在了。

想追求无分别智，就必须对抗这种恐惧（"我"不存在的恐惧）。

只剩最后一步。只要能破除这种恐惧，只要再踏出一步，破除自己与世界最后的分隔，"无分别智"的境地就在彼岸等着你。

那么，《般若心经》读到这里的人，需要的是什么呢？

不能和他们讲道理。对于只差一步就能抵达无分别智的人，和他讲什么"所谓空就是这样、所谓缘起就是这样""什么什么都是无"之类的道理，只会引入语言的解释（区分），令他的体验化为泡影。

因此不能讲道理，不能讲逻辑，不能去说服。这些都会导致相反的效果，会让他退回到有区分的世界。

在这种情况下，不能再使用语言了。就连"色即是空、空即是色"的说法，也将是有害的。

现在所需要的，是某种能够稍微推他一把的东西，是让他产生些许勇气的契机。

因此，在这种情况下，如果还有什么语言有效的话，那就是"咒语"了。或者更明确地说，就只有"咒语"了！

所谓咒语，就是带有魔法的语言。咒语并没有逻辑上的意义，或者更明确地说，根本不应该有意义。

"齐齐尹普益普益！"

"阿布拉卡达布拉！"

"巴美乐库拉卢克！"

只要听起来顺口的音调，随便什么都行。正因为如此，《般若心经》的译者，并没有把咒语翻译成中文，而是借用中文字显示，保留了原来的发音。

那么，就来念诵"智慧修行"的咒语吧：

揭谛揭谛、波罗揭谛、波罗僧揭谛、菩提萨婆诃。

这段咒语还是很贴心的，虽然译者故意没有翻译出它的意思，但译出来也会有所帮助。这段文字翻译出来是这样的意思：

去吧去吧，往彼岸去吧，完全抵达彼岸的人就是开悟了，祝你好运！

这段话翻译出来也没有太大意义，也没有包含什么高度的哲学见解，只是单纯在说"你快去彼岸（对面的世界）吧"。

不过，也没有比这更合适的话了吧！

有个人站在悬崖边上，只要再踏出一步，他就能了解一切，就能抵达苦苦追求的终极境地。但那一步太过恐怖，就像是站在高楼顶上往下看一样，头晕、想吐、自我瓦解，有觉得自己即将死去的确切预感。如果这个人只有"想要开悟"的想法，却没有足够的信念，那恐怕是踏不出这一步的。

为了踏出这一步，为了走完这一步，他已经舍弃了人生的一切，才终于来到这里。无论怎么害怕，他已经不能逃避了。

对于这个在悬崖边颤抖的人——或者这个正准备往下跳的人就是你——该说些什么才好呢？显然讲道理是不行的。

既然如此，只能讲那个了。

只能那样呼喊了。

　　去吧！去————吧！去————————吧！

还有咒语的最后一句：

　　祝你好运！（萨婆诃）

佛教的经典《般若经》，其核心是《般若心经》；而《般若心经》的核心，是真言；至于真言的核心，就是这句"萨婆诃"。如果有人询问佛教的精髓是什么，大约也只能回答这个词吧。

"萨婆诃"这个词实际上没有意义，只是在表示祝福和感叹，所以就算想要翻译，其实也无从翻译。

如果硬要翻译，大约只能翻译成这样吧：

Viva! （万岁！）

Hallelu Yah! （哈利路亚！）

Ah! （啊哈！）

That's all! （就是这样！）

核心的核心的核心。朝地狱踏出最后一步时的"祈祷词"：

Good Luck! （祝好运！）

喊出这一句之后，鼓起所有勇气跳向地狱，打破那最后的区分——而就在这一刹那，奇迹发生了。

那是传说中释迦牟尼体验过的开悟。无我的境地。梵我合一。阿特曼与布拉曼的区别消失、合二为一的无上境界。

在这种境界中，《般若心经》的读者将能体验到古印度哲学家追求的"我"的真理，理解到"日常生活中的我"（阿特曼）从一开始就不存在。而且，他们不再将之作为知识理解，而是通过"无分别智"（智慧）这种层次完全不同的方法去理解。

佛教并不是要把释迦牟尼的哲学当作知识传播的宗教。它是一个研究者的团体，为了让众人体验到释迦牟尼和古印度哲学家到达的"那种境界"，持续钻研数千年。

因此，佛经中所写的不是知识、教训或者生活技巧。所谓经书，是一种实践性书籍，它们是在缜密的计算中写出来的，能让读者通过阅读产生与释迦牟尼和古印度哲学家相似的开悟体验。佛经就是因为这个目的才流传于后世，众人也是因此才会反复诵读。

印度佛教的没落

然而，如此精妙的哲学，在大众眼中却难以理解。大众不想听这些无聊的内容，他们希望有更明确、更易懂的东西，比如神明的庇护、对死后生活的许诺或者某种神秘的力量等等。

因此，为了让更多人皈依佛教，就必须采取各种大众化的做法，比如举行神秘仪式来祈求幸运、设计许多富有个性和魅力的神明来吸引大家崇拜，等等。

然而这些大众化的措施，对于佛教来说，却是致命的举措。

这是因为，印度原本就存在印度教这种为大众广泛接受的民族宗教。印度教有湿婆神（Shiva）、雪山神女（Parvati）、象头神（Ganesh）等充满个性的神明；也有崇拜神像、通过仪式获得庇护的神秘教义。这些都是聚集大众信仰的成功因素。

于是，佛教的大众化，只是在向印度教靠近。这其实是让佛教在印度的存在价值日渐消失。因为佛教如果与印度教变得相似，那么何必要有佛教呢？信仰古老的印度教不就好了吗？实际上，如果只让印度人选择一个宗教神明来崇拜，那他们一定会选择印度教的传统神明。

比如说，佛教将印度教的湿婆神改作大黑天，引入自己的宗教体系，但印度人根本不会选择这个山寨版的神明崇拜。

此外，13世纪左右，伊斯兰对印度的征服，佛教的神秘仪式和咒语并没有发挥效力。僧人遭到屠杀，寺庙也被焚毁。这一事件给了印度佛教沉重一击。在印度失去存在意义的佛教，再也没有复兴的力量，就这样在印度逐渐没落了。

耶若婆佉→释迦牟尼→龙树，这是自古相传的哲学体系。然而到了这个时候，没有人继续理解和继承下去，可以说非常凄凉。他们的哲学将会湮灭在历史中，就此消失吗？

不！他们的伟大哲学不会消亡！

它们飞出印度，踏上了一段自我理解的旅程！

往东去！

何谓东方哲学？（2）

——东方哲学是"纯粹的耳朵"

东方哲学抵达的"真理"是什么？是对"自己（我）的本质"做出的深刻观察。令人困惑的是，这种真理无法以"知识"的形式在大众中传播。

举个例子来说，也许你会听到有人说，"释迦牟尼抵达的真理境界是这样的"，而且你也完全理解其中的意思，能够将它作为"知识"一字不落地记下来。并且如果有人问你："释迦牟尼抵达的真理境界是什么？"你也能完美地回答说："就是缘起、空、无我，以及诸如此类的东西。"——很好，通常来说，这样的你应该已经算是"理解了释迦牟尼抵达的真理境界"。

然而东方哲学家绝不会认同这一观点。令人诧异的是，即使你获得了关于真理的知识，东方哲学家也不会承认你理解了真理。他们很可能这样说：

"获得关于真理的知识，与理解真理，是两回事。"

然而西方就完全不同。在西方，你获得了什么"知识"，就表示你已经"理解"了它。比如，只要你具有某种知识（哲学、科学等），并且能够针对这些知识做出完美的说明，其他人就会认为，"你的确已经理解这门学问了"。

但在东方，具有知识或者能够做出清晰的解释，都不算是"理解"的充分条件。因为在东方，只要没有"我懂了！"之类的体验，其他人就不会认可你真的理解了。

正因如此，所以本书开篇才会说，读过本书、吸收了书里的知识，也不可能理解东方哲学。如果想要理解释迦牟尼抵达的真理境界，你就需要和释迦牟尼一样，有过"啊，原来如此！"的强烈体验。在东方，亲身体验到的"理解"，才是真正的理解。

"理解真理"

那么，"当作知识吸收"与"通过体验理解"之间，究竟有什么差异呢？为什么仅仅作为知识吸收，并不能让他人认同自己真的理解了呢？

为了解释这个问题，请想象如下场景：

假设你出生在这样一个国家，这个国家的文化是，"看到耳朵就会兴奋"。在这个国家，有一种奇怪的习俗，女性需要遮住自己的耳朵，只能让自己深爱的男性看到。如果你是从小生活在这里的男性，很显然的是，所有男性，包括你在内，都会觉得，"哇呀呀呀呀，好想看女性的耳朵"。

如果现在由于某种意外，有个美少女的耳罩掉了，你不小心看到了她的耳朵……她一定会满脸通红地大叫"啊，不许看！"；而你则会觉得"太走运了！"，兴奋到心脏狂跳吧。

在这样的世界里，众人都关心耳朵，人生也是以耳朵为中心。有的人会去很远的地方购买耳朵写真集，以免被熟人撞见；有的人会偷偷观看耳朵部分打上马赛克的小电影；还有的人甚至会为了偷看女生的耳朵铤而走险，不惜犯罪，比如强迫对方露出耳朵、偷拍，等等。

至于你呢，只要一想到耳朵就会燃起低劣的情欲，随后又会陷入自我厌恶的痛苦之中。

有一天，你家来了一个外国人。在他的国家，并没有不让耳朵外露的文化，所以对他来说，耳朵根本没有任何特殊意义。你对他倾诉了自己的烦恼，他笑得前仰后合。

"真是莫名其妙，你到底在搞什么啊！"

竟然会这样！在这个世界上，竟然会存在不关心耳朵的男人！

你大吃一惊。不过仔细想来，世界各国的文化与价值观本来就不相同。比如有的国家认为"脖子长的女性很美"，有的国家认为"下嘴唇厚的女性很美"。如果那些国家的人向你倾诉说："我很想摸女性的下唇，简直愿意为此犯罪，你说我该怎么办？"你大概也只能回答他说："真是莫名其妙，你戒掉这个习惯不就好了吗？"

总之，耳朵本来并没有什么固定的价值，完全是因为人为的规定，才赋予它那样的价值。所以可以得出这样的结论：你对耳朵产生的价值感和执着，都只是空虚的，并没有确切的实体。

即使有了这样的知识，也理解了这个道理，情况还是不会有任何变化。

当然，嘴上还是完全可以这样说的：

"耳朵根本没有意义，完全是自我的执着。只要意识到耳朵没有什么价值，就可以抛弃原来的执着了。这样便能逃离执着于耳朵的苦恼。"

这话非常有道理，你也十分理解和认同这样的道理。

但认同又能如何呢？就算理解这个道理，也认同这个道理，日常生活也不会有任何变化。你还是会一如既往，在夜深人静时，偷偷上网搜索"耳朵图片"吧。

你下决心要告别这样的自己，要克服对耳朵的执着。因为你发现，对耳朵毫无执着的外国人，看起来过得十分舒心愉快。

有一天，你在树下冥想。你摒弃了一切先入为主的想法，也不再评价自己的欲望是好是坏。对于脑海中浮现的任何想法，都不断以"无、无"加以否定，坚定地持续观察自己的内心。

直到你的思考停止、区分消失的刹那——那是极其短暂的一刹那，但就在那样的一刹那，"智慧"出现了，随之而来的还有某种奇迹。你进入了婴儿般的纯洁境地，切实感受到"此刻正在发生的事情之本质"。这是你亲身体验得来的，并不是通过知识、逻辑，或者语言领会的。

你终于悟出了终极的真理。

"这只不过是耳朵而已。"

"哇呀呀呀呀！"你大叫起来，抱着头倒在地上，"这些年来我都在做什么啊！我太蠢了！这只不过是耳朵而已啊！我一直那么苦恼，根本毫无意义啊！"

自己竟然会为了耳朵那样神魂颠倒，实在太愚蠢、也太丢人了。你自己也觉得自己可笑之至。

天亮了，你走上街头。你眼中的世界已经变得截然不同。你体验到一种极其轻松的自由，就像是自从出生以来就一直束缚你的枷锁终于解开了一般。此时此刻，你终于能够带着这样的幸福感看待世界了。

只是——

"哎呀，大家还在为耳朵痴狂啊！"

世人还是一如既往地执着于耳朵，为了耳朵苦恼。你感到十分悲哀，想要把自己的"理解"传达给他人。

可是，该对他们说什么呢？就算告诉他们，"你们只是陷入了自己的想象里，耳朵只是耳朵而已"，又能说服他们吗？

事实上，尽管你努力用语言表达了自己的想法，却没有任何作用。周围人完全无法理解。

接着，发生了出乎你意料的事。

那些和你交谈过的人中出现了一些人，开始崇拜你对耳朵的超然态度，最终甚至将你尊称为"超越了耳朵执着的圣人"。

你心想：哎呀哎呀，我根本没有什么了不起的，这只是很平常的事啊。我仅仅是觉得耳朵真的不算什么。

你对周围的崇拜目光感到厌烦，决定避一避风头，躲到杳无人迹的深山里去生活。过了一段时间，你重新下山的时候，发现事态已经演变得更加夸张。竟然有人将你视为教祖，建立起宗教团体，把你当作神明的化身加以崇拜。

"教祖下山了！"

这样的传言在极短的时间内流传开来，教徒们蜂拥而至，代表者向你致敬说：

"教祖大人，我们等您很久了！我们成立了一个宗教，学习您那了不起的教诲，并且还要把它传播出去。请您看看，现在已经有超过一千名弟子了。连我在内，已经有几个人遵照您的教诲，成功摆脱了对耳朵的执着。教祖大人，请您务必领导我们这个宗教。"

但你觉得这个宗教实在很可疑，因此婉拒了担任教祖的请求。于是，信徒们说："既然如此，那请您在我们当中挑选一位接班人吧。"你不情不愿地勉强同意说："那倒是可以。"于是参加了挑选接班人的大会。几位候选人来到你的面前，用语言描述自己抵达的境界和理解程度。

"我对耳朵这种东西不屑一顾。它没有任何价值。我已经克服了对它的欲望。"

"耳即是空，空即是耳。"

可是，你总觉得有些怪异。像这样大声说出自己抛弃了对耳朵的执着，委实是一件很奇怪的事。

当然，他们嘴上说的没有任何问题。因为他们其实是在重复你之前说过的话。如果以"知识"的角度来看，他们说的和你没有任何不同。

但是，他们真的抵达了与你相同的理解状态吗？

你画了一个耳朵，拿到他们面前。

"这是——！！"

"哇呀——！！"

对于你突然的行动，众人全都满面通红地叫了起来。有人闭上眼睛，有人大发雷霆，像念咒一般不停重复："那只是耳朵，只是耳朵。"

你非常失望。听上去他们似乎都舍弃了对耳朵的执着，仿佛是一群圣人，也受到众人的尊敬，然而他们似乎只是知道"耳朵没有特别之处"的道理，掌握了这样的知识而已，没有任何人有过和你相同的体验，没有人真的悟出了真理。

上面这个故事告诉我们，"当作知识吸收"（获得知识），与"通过体验理解"（开悟）之间，有着本质的差异。

总而言之，必须在亲身体验中理解到执着于耳朵的愚蠢之处，以及意识到"这只不过是耳朵"，才能说是舍弃了那样的执着，也才算是"真正理解"了。

在乱成一团的信徒中，你发现唯有一个人面带冷笑，冷眼旁观这个混乱的局面。

你看着他的眼睛，露出微笑，试图表示"真是无聊"。于是他也向你露出苦笑，仿佛在说："真是抱歉，实在拿这些人没办法。"

于是你确信了。在这群人中，唯有他通过与自己一样的"体验"，真正理解了。

"你叫什么名字？"

"迦叶。"（释迦牟尼十大弟子之一）

你走到他身边，把耳朵的画递给他。

第二章

中国哲学
道的真理

Truths of TAO

战国时代的哲学家

诸子百家

埃及文明、美索不达米亚文明、印度文明等各大文明都发源于河流附近。中国也是同样的情况。公元前5000年左右的黄河、长江流域，便是中国文明的发源地。

一方面，在文明兴起的古代早期，河流能够起到很大的作用。人们可以在河中捕鱼、洗衣，还可以引来水源、灌溉田地，获得丰盛的收成。"水"是人类生活中最为重要的因素，拥有丰富水源的河流，对于古代人而言，就像是孕育生命的母亲。

另一方面，河流也会带来灾难。一旦水量因为某种原因暴增，就会引发洪水，河流将会变得像巨龙一样狂暴，摧毁人们的生活。河水会淹没房屋和田地，人们耗费几十年时间建立起来的城市，可能会在一夜之间化为瓦砾。对于古代人而言，河流是一头难以对抗的怪兽。

河流具有"带来益处"和"造成破坏"的两面性，令人畏惧。但没有水，人们无法生活，所以又不可能远离这头可怕的怪兽。因此人们还是会一次次从瓦砾中站起来，花费数十年、数百年的时间，重建城市。

但河流依然会嘲笑人类重建的努力。每隔几十年、几百年，就会带来一次巨大的灾难，用洪水摧毁重建后的城市。

在有历史记载之前，洪水与重建的轮回就已经不断重复上演了。人们无数次体验到洪水的恐怖和自身的渺小，也只能一次又一次茫然地伫立在瓦砾面前。

尧舜禹的故事

但是有一天，出现了一位英雄。

这位英雄叫"尧"。面对整日哀叹洪水灾难的人，他提出了一个了不起的想法。

"我们一起用双手来征服河流吧！每个人单靠自己的力量固然无法征服河流，但只要通力合作，应该可以战胜洪水！"

尧竟然想向强大的河流发起挑战。他认为，只要人们通力合作，就能让洪水不复发生。他呼吁大家一起修建治水工程。

他热情洋溢的发言让大家团结一致，堆砌土沙，兴建堤防，防止洪水泛滥。有时也会采取开挖支流、拓展河道等方式。

然而在那个时代，人类既没有卡车，也没有挖掘机。单靠尧这一代人，显然不可能在广袤的中国完成治水大业。岁月流逝，尧这位英雄也到了垂暮之年，于是他决定挑选接班人，接手治水的任务。

尧虽然有一个儿子，但他并不打算让他接班。因为，要做接班人，重要的是有没有实现目标的能力，有没有为河畔的百姓实现愿望的能力。只有具备这样的能力，才能担任领袖，而与血缘并无关系。所以尧找寻周围的人，有谁适合接手这项任务呢？

最终，尧找到了一个名叫"舜"的人。舜的母亲很早就过世了，他和父亲、继母，以及继母的孩子生活在一起。

舜每天过得都很凄惨。继母和她的孩子总是欺负他，而且愈演愈烈。

他们让舜去修房顶，等他爬上房顶，就抽掉梯子、放火烧房，差点烧死他；他们让舜去挖掘水井，等井掘得深了，就从上面往下倒土，差点把他活埋。这些手段已经远远超出一般的欺负了。

但舜并没有因为遭到这样的对待就自暴自弃，更没有因此而怨恨他的家人。他依然勤勤恳恳，踏实生活，并且还是孝敬想要害他的家人。

舜这种和善敦厚的性格受到人们的传诵，据说他走到哪里，人们就会聚集过来，过了一年就会形成村落，过了三年就会形成城市。

人们对舜的称赞也传到了尧的耳朵里。他认为这样的人可以接手他的工作，于是决定让舜做自己的接班人。

突然获得这个殊荣，舜惊讶不已，于是努力工作，以回报尧的期待。由于他品行高尚，一些原本的作恶之人也悄悄消失了，各种事情都进展得很顺利。

不过，舜也没能完成治水工程。

于是，舜又任命了一位名叫"禹"的优秀人才，担任治水工程的负责人。

禹和治水其实颇有渊源。他的父亲是尧那个时代的治水工程负责人，但用了九年时间也未能获得成果。后来，他的父亲遭到放逐，以示惩罚。禹也因为父亲的关系，过得很艰难。可以想象，他每天都要面对侮辱和嘲笑，被别人在背后指指点点。

现在，他的能力获得肯定，成了治水工程的负责人，当然要奋力工作！

因为对洪水的长久愤懑，也因为想要回报仁慈的舜对自己的认可和期待，更为了弥补父亲的遗憾，禹全身心地投入了治水工作。

禹对治水的努力超出了常人的想象。他整年在水里工作，最后腿脚受伤，难以行走，即使如此他也不肯停歇，还是瘸着腿工作在第一线，奋力推动工程（顺便说一句，在中国，人们把瘸腿走路叫作"禹步"[1]，就是出自这里）。

人类很渺小，经常遇到心有余而力不足的情况，有时候甚至会免不了绝望。相比之下，大自然的力量十分强大，不过——

1　西汉扬雄《法言》卷七《重黎》云："巫步多禹。"李轨注曰："姒氏禹也，治水土，涉山川，病足，故行跛也。……而俗巫多效禹步。"

有时候人类的奋斗还是能够战胜它！

禹经过不懈的努力，终于完成了治水工程！人类依靠不断奋斗，最终让强大的河流臣服！

住在河边的百姓，总算实现了自己的夙愿。

舜慰问了完成工作的禹，同时也决定把自己的位置让给他。

禹非常惊讶，连忙拒绝。

"不，不行，这怎么可以？您有自己的孩子，请让您的孩子继承您的位置吧。"

但是，人们不同意，因为禹已经是举世闻名的英雄了。于是，禹就这样继承了舜的位置。

上面就是尧、舜、禹三人的故事。他们都是站出来"对抗自然"的伟大人物，人们也将他们视为治水的英雄。

这里的重点在于，三位英雄并没有血缘关系。他们三人都很伟大，并且具有出色的领导力和高尚的人格。正因如此，人们才会非常尊敬他们，拥护他们坐上王位。而他们在年老力衰之际，也会寻找最优秀的人才，把后面的事情托付给对方。

为了应对自然的威胁，有能力的人被选为领袖，继而诞生出国家这个共同体，逐步发展下去。后来的中国，原型就是以这种形态发展起来的原始国家。

世袭与革命

但在第三位英雄禹去世之后，这种理想的国家形态消失了。禹的儿子继承了王位。

实际上，禹从臣子中挑选了最优秀的"益"来接班，但益推辞不受，将王位让给禹的儿子。

这是中国历史上最早的"世袭"。在这一刻，"夏"王朝建立了。之后，世袭成为传统。国家这个组织，不再是"一群人为了对抗自然而团结起来的共同体"，而变成了"以某个家族为顶点的权力机构"。

这样就有点麻烦了。由于是以世袭方式决定君主，而不是看能力或者品行，那么从概率上说，总有一天会出现很糟糕的君主。

夏朝的最后一位君主"桀"便是如此。他贪恋一个名叫"妹喜"的绝世美女，不问世事，恣意挥霍，昏庸至极。

这样的行为会导致什么呢？当然是"革命"。

"开什么玩笑，这样的王朝实在是受够了！"

民众的不满情绪爆发出来，世人中最优秀的人物成为众人拥护的英雄，所有人都聚集到英雄麾下，打倒昏庸的暴君。

汤本是桀的臣子，但是他发动革命，用武力夺取了政权，建立了新王朝"商"（又叫作"殷"）。不过，商朝同样也采用世袭制，所以最终也发生了同样的情况。

商朝的末代君主"纣",贪恋一个名叫"妲己"的绝世美女,建造酒池肉林,大肆挥霍。有人胆敢谏言,就处以极刑,实在是昏庸至极。

这样的行为会导致什么呢?当然是又一次"革命"。

就这样,同样的情况再度发生。一个名叫姬发的英雄发起革命,推翻商朝,建立新的王朝"周"。

因此,尧舜禹的后代,实际上在重复下述模式:

建立王朝→以世袭方式决定接班人→出现昏君→
灭亡

顺便说一句,周朝也没能摆脱世袭的缺陷,出现了"周幽王"这个昏君,他贪恋一个名叫"褒姒"的绝世美女……

世袭制度产生昏君的历史趋势似乎无法改变,不过,建立周朝的人并不愚蠢。王族要维持自身的权力,当然会采用世袭制度,这也是人之常情。这个制度在决定接班人时比较不会产生纷争,确实是它的优点。作为中国历史上的第三个王朝,周朝可不想步夏、商的后尘,迅速灭亡。所以,周朝的建立者决定制定坚强的国家体制,即使出现昏庸的君主,也不至于动摇整个国家。

其中一项策略,就是建立"分封制"。所谓分封制,就是分封国土,交给各个地区最具实力的贵族(诸侯)去管理。

中国幅员辽阔，统治者不可能完全亲自掌控所有地区。周朝的想法是，通过这种层级式的统治方式，管理广袤的土地。

这种体系形成了一个自上而下的金字塔结构，因而需要明确的上下级关系。就是要为每个人设定身份（阶级）。身份低的人不能忤逆身份高的人。只有这样，金字塔的秩序才能得以维持。

周朝实行的就是这种以周王为顶点的分封制。在这种有秩序的治理之下，周朝成功地建立起与前代王朝不尽相同的坚固体制。

不过，就算有分封制，还是会有人无视制度，搅乱秩序。

之前也提到过，中国幅员辽阔。当时也不像今天这样有手机、网络，信息交流远远没有今天这么便捷。即使有人在某处谋反，其他地方也难以得知。地方贵族也有可能在野心的驱使下，联合起来攻击中央。

中央政权虽然想凭自己的武力击溃地方上的豺狼虎豹，但如果地方的军事力量全部集结在一起，必然会比中央强大。因此，单靠军事力量镇压地方叛乱是不现实的。

幸好周朝人很聪明，他们发明了一套神秘权威的理论，成为军事力量之外的压制方式。

当时的人们相信"天"（某种主宰世界所有现象的神秘力量），而周王自称是"天"的使者，声言自己受命于"天"，统治人间。换句话说，周王抬高自己的权威，声称自己不仅是人间的君王，也是天意的代言人、天的使者，也就是"天子"。

此外，周王还声言自己是各地贵族的"宗主"："只有周王能为地方贵族举行祭祀祖先魂魄的仪式。如果周王不举行仪式，你们祖先的魂魄就无法安眠。"

这一理论大获成功。于是乎，"如果对周王无礼，天就会发怒，祖先的魂魄就会不得安宁"的迷信就此流传开来。

"反抗周王就等于忤逆你的父亲、母亲、祖父、祖母的魂魄！如果你胆敢这么做，你的祖先会气得半夜到梦里来找你！"

这样的迷信流传开来之后，各地的贵族就算充满野心，士兵和臣子也不敢附和了吧。

相比于完全依靠军事力量镇压的方式，这种办法有效多了。

不过，靠神秘权威防止叛乱的方式固然很有效，但地方贵族的欲望也不会因此而消失。

由于各地还是依靠贵族自治，所以他们在自己的领地上显然还是以君主自居，为所欲为。他们会积累起巨额的财富，也能培养出强大的军事力量。而贵族当然会想要更多的权力，他们原本就是特权阶级，怎么能抵抗对权力的欲望呢？

但各地贵族又无法对抗周王。

"违抗周王=违抗天命+违抗祖先的魂魄。"

所以对抗周王只会失去民心，没有人响应。

既然如此，该怎么办呢？

办法只有一个："去抢其他人。"

周王固然不能违抗，但只要不违抗周王，做什么都可以。于是，这些贵族就依靠自己的军事力量，向邻近的贵族发动战争。在欲望的驱使下，展开相互抢夺财富和权力的战争。

春秋战国时代

于是乎，群雄割据的春秋战国时代就此开启。贵族们在中国这片广袤的土地上展开了自相残杀。

在这种弱肉强食的时代，自然不能优游度日。如果继续闲散下去，就会在他国的侵略下灭亡。

要摆脱灭亡的命运，只有一个办法，就是把自己的诸侯国建设得比邻国更强，拥有比邻国更强的军队，生产比邻国更多的粮食，建立比邻国更稳固的政治体制。

这当然很不容易。为了实现这个目标，需要大量优秀的人才。于是，贵族们四处网罗能使国家强盛的优秀人才。

A国："太好了！我们请到了某某大师！"

B国："什么？A国请到了那位著名的某某老师做顾问，粮食产量因而翻了一倍？这，这怎么能行！如果他们利用获得的财富汇集兵力攻打过来，我们就惨了！不能坐以待毙！还有没有厉害的老师能去聘请过来？"

"我们愿意重金礼聘，请务必接受我们的邀请！"

对贵族而言，这是他们得以生存的优先任务。

于是，没有贵族血统的平民，得到了千载难逢的好时机。只要拥有过人的才华，就能成为贵族争相邀请的老师。

"我也要钻研学问，成为名震天下的智者，让贵族争相邀请！"

周朝兴起一股空前的治学浪潮。孔子、墨子、孟子等名家横空出世（顺带一提，中国古代称老师或有道德、有学问的人为"子"，所以孔子、墨子、孟子，也就是孔老师、墨老师、孟老师的意思）。而以"某子"的学问为中心的思想派别，也以"某家"之名逐一形成。

所谓"诸子百家"，就这样登上了历史舞台。

接下来，就让我们逐一介绍那些青史留名的"某子"（某某老师）的思想吧。

04

一生怀才不遇的儒学开创者

孔 子

必杀技: 仁、礼

公元前551年—公元前479年

到现代, 孔子家族已经延续了八十多代, 子孙后代超过两百万人。2005年, 《孔子世家谱》被吉尼斯世界纪录认定为"世界最长家谱"。

积极推动"仁"与"礼"

孔子是出生于鲁国（位于今中国山东省境内）的思想家, 也是诸子百家中最伟大的一位。

他的伟大甚至足以名列全球四大圣人之列, 与耶稣、释迦牟尼、苏格拉底并称。他还是儒家学派的开创者, 如神明一般受到敬仰, 成为人们尊崇的对象。

怀才不遇的人生

据中国的史书《史记》记载，孔子是"野合之子"。所谓"野合"，指不合礼仪的婚配。因为孔子的母亲嫁给孔子的父亲时不满二十岁，而其父亲已经六十六岁，两人年龄相差悬殊，为婚于礼不合。

孔子三岁时，他的父亲过世了。父亲的正妻容不下他们母子，把他们赶了出去。孔子的母亲只能带着年纪尚幼的孔子离开，独自养育他。

不知道各位是否能够想象，在那之后，这对母子的生活有多贫困。事实上，也许是因为太过操劳，孔子的母亲也在孔子年纪还小的时候过世了。

在收录孔子言论的《论语》一书中，有人问孔子："老师，为什么好像什么事都难不倒你呢？"

孔子回答说："因为我年轻的时候真的很穷。为了活下去，我做过很多事。"（吾少也贱，故多能鄙事。——《论语·子罕篇》）

在孔子那个时代，专司祭祀礼仪的职业团体，称为"儒"。据说，孔子的母亲便投奔了儒，在那里养大了孔子。所以孔子在日常生活中经常看到祭祀礼仪，不知不觉便精通了这些知识，因而渐渐有了名气。

为什么一个精通祭祀礼仪的人能够变得有名呢？

因为当时是个迷信的时代。人们发自内心地相信，君主是由"天"挑选出来的，而祭祀是跟天沟通的仪式，所以精通此道的人自然深受重视。

各位不妨想象一下，比如在古代中国，有位官员负责国政，地位崇高，他有可能去参加权贵人士孩子的婚礼，或者是那些人父母的葬礼。有时候，君主也会让他举办国家级的活动。

有一天，君主对他提出了这样的命令：

"我们要和几个邻国结盟。结盟之前，我将邀请这些国家的君主来参加盛大的宴会，就有劳你筹办了。"

这可是件麻烦事。这种层次的活动，可不是公司聚餐或者同学聚会能比的。那是注重仪式和礼仪的国家级活动，招待的是各国首脑，绝不能出半点差错，否则真的会掉脑袋的。这是只能成功、不能失败的任务。

该怎么办才好？如果随便搞一搞，弄错了什么规矩，麻烦可就大了。

"应该请他们按什么顺序入座？该穿什么服装迎接？要摆什么花？演奏什么音乐？需要什么助兴的节目吗？"

这位官员慌了手脚，完全不知道该怎么办，也不知道有哪些事情要做，也不能随便做决定，因为假如违背了礼仪，那些重视规矩与形式的各国首脑必然会抱怨。

你说不定也会遇到这样的事：在某人的葬礼上，只见棺材里铺的是玫瑰花，音乐播放的是流行歌曲，还请了人来表演杂耍助兴。你肯定会觉得"有点不像话"吧。如果逝者的亲人为此发怒："搞什么乱七八糟的！这场葬礼是哪个家伙筹办的？"你应该会认为那人被骂也是活该。

如果让你来主持这件事，你能办好吗？当然，前提是你不去参考有关婚丧嫁娶礼仪的书籍。

或许有人仅凭微弱的印象就能办好，不过多数时候，那些都是细微琐碎的知识，一般人根本不知道哪里可能会出什么错。然而就是这些微小的差错，或许有可能导致整个活动失败。

"这怎么会是紫色的？是在羞辱我们吗？"

"都被你搞砸了！"

"同盟的事就不要再提了！"

"来人，把他拖下去砍了！"

受命主办宴会的官员，每天夜里都会做这样的噩梦。只要有地方出错，让君主出了丑，自己就别想活了。

那么既然到了这个地步，还能有什么选择呢？

"快去找一位懂得规矩的人来，交给他去办！"

唯有这个办法才是上策。

"什么？有位名叫孔子的人，精通礼仪规矩？快快快，出多少钱都行，快把他给我请来！"

因为身处那样的时代，虽然孔子只是精通祭祀礼仪，但同样会有高官在类似的情况下请他帮忙。

由此看来，孔子虽然出身贫穷，但在以专司祭祀礼仪的儒身边长大，所以在出人头地的方面拥有得天独厚的优势。于是，二十多岁的孔子步入了仕途。

但孔子在鲁国从政时并不受重用。那是个百家争鸣的时代，只要有才能，甚至有可能一步登天，成为主导国家命运的超级明星。于是，孔子辞去了自己的官职，周游列国，希望找到一位慧眼识人的君主，得到一展抱负的机会。

遗憾的是，孔子没有得到这样的机会，最终还是回到了故乡鲁国，度过了怀才不遇的漫长时光。

孔子晚年开设私塾，努力培养能继承自己梦想的弟子。但儿子（伯鱼）先他而死，他看中的优秀弟子（颜回）也早早过世。孔子哀叹自己的不幸，满怀失意，于七十三岁故去。

孔子生前并没有出人头地，也没有改变历史、振兴国家，更没有实现什么特别的成就。如果只看他这一生，似乎是个失败者，因为他一事无成，在怀才不遇的境况下郁郁而终。事实上，就在《论语》一书中，他也曾向弟子抱怨过自己的怀才不遇：

"在这个世上，没有一个人懂我。"（子曰："莫知我也夫！"）

孔子的思想

其实，孔子在今天之所以变得如此有名，是因为在他去世后，他的弟子开始传播孔子思想的精华。孔子大约做梦也没想到，在自己死后，人们会把自己当作神明一样崇拜吧。

那么，孔子到底有什么样的思想呢？他提出的，是要注重仁和礼。

所谓仁，即"与人交往时，要设身处地为他人着想，把对方当成自己的家人一样"。所谓礼，即"把仁的态度化为有形的礼仪和规矩"。

总而言之，孔子的思想，简单来说就是，"要有为他人着想的心，要过礼仪端正的生活"。

孔子认为，仁与礼缺一不可。

如果"仁而无礼"，就相当于空有为他人着想的心（仁），但在态度（礼）上并没有表现出来，这样显然毫无意义。如果不以可见的形态（礼）呈现自己的想法（仁），对方也就无从知晓。"只在心里想想"的话，实在毫无意义。

反过来说，如果"礼而无仁"，就相当于表面上恭恭敬敬，内心却没为对方着想的心，这当然也是不行的。

所以孔子认为，"为他人着想"与"礼仪"两方面都很重要。

孔子的思想对我们的日常生活也产生了重大影响。比如下面这些规矩：

"见到长辈要问好。"

"有客人来时要请他上坐。"

也许人们会觉得，向他人展现礼仪乃理所当然的做人道理，但这种"常识"，实际上正是出自孔子。

中国周边的亚洲文化，包括日本在内，都建立在孔子思想的基础上。

你现在理解孔子为何如此知名，也明白他是如何伟大的人物了吧!

不过，由于这些事情太过"常识"，所以说不定也会有人觉得孔子并没有什么伟大的地方。实际上，读了《论语》后就会发现，孔子虽然说过许多很伟大的话，但仔细想来都是一些平凡的道理，不会让人觉得有了不起。比如下面这种：

某日，孔子的弟子子路问："如何成为君子？"

孔子回答："端正言行，保持谦虚。"

子路问："就是这样？"

孔子回答："是的，只要做到这些，就能令人心安。"

子路又问："真的就是这样？"

孔子回答："没错，能做到这些，就可以安抚天下百姓。你虽然怀疑是不是只有这样，但就连往口的圣人尧、舜，也是历经艰辛才做到的！"

（子路问君子。子口："修己以敬。"曰："如斯而已乎？"曰："修己以安人。"曰："如斯而已乎？"曰："修己以安百姓。修己以安百姓，尧舜其犹病诸！"）《论语·宪问篇》

孔子的话，大抵都是这样的内容。

他说的道理，没人会觉得"原来还有这样的道理！"，或者是"太深奥了！"。他讲的都是单纯的道德观，以及应该去做的正确事情，给人的感觉大抵都是："你说得没错，不过现实生活中好像不容易贯彻呢。"

所以，如果是上了年纪的人来读《论语》，或许会觉得孔子是个伟人，拍着大腿说："没错，讲得太对了！现在的年轻人，还有整个社会，就是这些做得不够！孔子讲得太好了。"如果是年轻人来读《论语》，或许会因为孔子太注重道德，而让他们感觉很无聊。

对年轻人来说，相比孔子，他们也许更喜欢稍后将要介绍的老子、庄子等人。这是因为，那几位的自由不羁，更吸引年轻人的心。

孔子的思想确实给我们的文化带来无可估量的影响。即使经过了两千五百年的岁月，他的道德学说依然毫不褪色，为现代人指出伦理与道德的根源，实在很伟大。

这位只会说"要为他人着想，也要遵守礼仪"的人，为什么能够名留青史，成为足以和释迦牟尼及耶稣匹敌的伟人呢？他之所以名垂青史，固然也是像前面说的，是他的弟子宣传的功劳，但孔子究竟为什么具有如此大的魅力呢？

先说结论：孔子的魅力在于他的"气魄"。

孔子虽然没有什么大的成就，但他的"气魄"可谓中国史上最强的。仅凭这一点，说他是中国思想史的顶尖人物也不为过。

我们就以这样的视角重新审视孔子的"仁"与"礼"吧。

什么是仁

所谓仁，就是爱护他人，以为对方着想的心情去对待别人。

这种"仁"的思想有多么伟大呢？看看孔子所处的时代就能理解了。孔子生活在春秋战国时代，那是一个贵族互相残杀、为了权力争斗不已的时代。

想象一下日本的战国时代，想想织田信长或者武田信玄，想想群雄割据中四处征战的那个时代，各位应该就能理解了。在那样的时代，如果有人对织田信长或者武田信玄等大名说："你应该带着为他人着想的心，好好治理国家。"那些大名也不可能搭理吧。但孔子做的就是这样的事。

为什么孔子要如此坚持"仁"？不仅是因为"道德上应当如此"，更重要的是，孔子通读史书之后，将"尧、舜、禹"的三王时代定为国家的理想状态。"我们的国家不应该有出自欲望的丑陋事物！在三王时代，只有能够以慈待人、有体贴之心（仁），才会得到大家的尊敬，因而自然而然成为君王，再围绕着他发展出国家。"

尧、舜、禹都是伟大的领袖，他们不会为了私欲把持权力，反而会在找到比自己出色的人物之后，开开心心地将接下来的事情托付给那些人。他们对民众总是展现出"仁"（为百姓着想）的态度。正因为如此，民众才会追随他们，形成所谓国家——"民众共同体"。孔子认为，君主就应该是这样的。

在《论语》一书中，孔子曾经对鲁国的高官说过这样的话：

> 政治就是端正。如果身居高位的你，能够做他人的表率，那么还有谁敢做不正之事呢？（政者，正也。子帅以正，孰敢不正？——《论语·颜渊篇》）

从这里也可以看出，孔子实在是个不懂变通的人。当时各国的君主根本不会顾及什么百姓、什么行事端正，他们想的都是如何胜过别人，如何得到比别人更强的力量。面对这样的人，诸如"不对不对，请以仁为原则处理国事"之类的话，怎么可能讲得通？显然，没有任何一个君主会听他的话。

什么是礼

所谓礼,就是"以仁(为他人着想)的态度展现出来的礼仪规矩"。

孔子认为应当注重"礼",只不过由于这种想法非常正常,所以我们也许会觉得没有什么了不起,"总之就是要照顾别人的想法,主动向他人问候就行吧"。

并非如此。孔子说的"礼",在当时可是一个令人震惊的观点。

每一种仪式和礼仪,背后都与某种权威有关。比如,"过去曾有一位伟大的君主,做过这样的事,所以我们要如此如此";或者,"神明不喜欢这样,所以必须那样"。

所以,仪式和礼仪都需要好好遵守,不能说一句"不知者不罪"就敷衍过去。如果在国家级的祭祀仪式上做出违反规矩的事,一定会引来众人的斥责:"你这个无视权威的无礼之人!"

不过,孔子其实是否定这种权威的。

"仪式和礼仪,并不是受到权威的强迫才去遵守。而是应当为对方着想,体察对方的心情,转化成具体的行动。这才是真正的规矩。"

联想到孔子的出身,就会意识到,他这样的想法非常了不起。因为他是在专司祭祀礼仪的"儒"中长大的。从职业角度来说，祭祀礼仪的规矩越有神秘性、越有权威性，对他越是有利的。孔子完全可以这样说：

"如果不举行这种仪式，会有很严重的后果。神明会发怒，妖怪也会猖狂。不过请放心，我们会认真举行仪式，避免发生这样的事（所以请付很多钱）。"

但他并没有这么说，反而说：

"并非如此。这些祭祀礼仪，不是因为神秘力量或者权威强迫去做，而是要将心中向逝者或客人表达的哀悼或感谢转化成具体形式表现出来。"

孔子并不认为存在什么神秘的权威力量。所以他把"礼"重新定位为"仁"的表现形式，并且认为没必要把神秘权威牵扯进来。

不过，孔子也不是完全否定神明。他和当时的人一样，也相信存在着"天"这样的超自然力量。不过孔子并不会对弟子说，因为"天"如何如何，所以你们要如何如何。

他说的是："务民之义，敬鬼神而远之。"（《论语·雍也篇》）

做好自己该做的事，对神秘的存在敬而远之。

这是成语"敬而远之"的出处，也是《论语》中非常著名的一句话。孔子的态度就是这样，他并不否定神秘事物的存在，也不与之对立，而是抱着尊敬的心情，尽量不和它产生联系。

此外，弟子也曾问过孔子有关神明及死亡的问题。孔子这样回答："未能事人，焉能事鬼？""未知生、焉知死？"（《论

语·先进篇》)

与其关心不了解的神秘事物，还不如好好想想"活在现实世界的人"，这是孔子的一贯态度。

这种态度非常务实，然而当时的掌权者听不进去。

比如，周王声称自己是各国贵族的"宗主"，利用这样的地位，将"告慰祖先魂魄的仪式"列为只有自己才能执行的特别行为。贵族畏惧祖先作祟，不敢违抗周王。换句话说，周王是利用神秘权威和举行仪式的特权，确保自己的统治地位。

而在孔子看来，君主依靠这种方式维持自己的地位，实在是太奇怪了。尧、舜、禹从没有借神秘权威的力量成为领袖，他们是为国为民无私奉献、获得民众认同之后，才得到了君主的地位。孔子认为，这才是统治者的正道。

如上所述，孔子对于仁和礼怀着满腔热情。然而他最终还是没能成为高官，也没能敦促统治者执行他的理想。他所追求的理想国家，最后只是一场幻梦。孔子的一生也几乎是怀才不遇的状态。

但是，正因为孔子的怀才不遇，才让他受到无数人的尊敬。

孔子的时代，是一个追求知识与能力的时代。所以很多人擅长花言巧语，讨好统治者，骗取权力。

"只要有我，大王的军力就能加强。我可以为大王灭掉邻国。"

"大王之所以连战连败，是因为没有举行这样的仪式。让我来指导大王怎么做吧。"

孔子本来也可以像他们一样说这些大言不惭的话，但他并没有为了权力而扭曲自己的内心。

孔子坚持奋战。他要游说的对象都是很顽固的家伙。有的总是出兵抢夺他国的财富，有的依靠神秘权威为所欲为。孔子与他们的对抗显然不会有好的结果。

但孔子还是继续努力，想把混乱疯狂的历史潮流引回三王时代的正道。他对抗权力、对抗神秘，高举仁和礼的旗帜，堂堂正正地活在世间。

让我们重温那个问题：这位只会说"要为他人着想，也要遵守礼仪"的人，为什么能够名留青史，成为足以和释迦牟尼及耶稣匹敌的伟人呢？

是因为他的气魄！

孔子的气魄和魅力，正是他的伟大之源！

阅读《论语》，学习孔子的道德言论当然也很重要；但我们真正应该向孔子学习的，其实是他的那种气魄：春秋战国时期的一介文人，为了将历史引回正道，挺身对抗国家权力和神秘权威，丝毫不肯屈服。

05

锄强扶弱的热血男儿

墨 子

必杀技：兼爱

生卒年不详

主要著作：《墨子》

墨子与鲁班推演攻守之术。鲁班多次使用不同方法攻城，多次都被墨子挡住了。所以坚守'（自己的观点或者习惯）的行为就被称为"墨守"。

爱人如爱己

墨子是战国时代的思想家，他建立的墨家，与儒家共同支撑起当时的思想界。

关于墨子，几乎没有什么资料流传下来。后世甚至不知道他的出身、家世和生卒年份。在《论语》中也完全没有提到墨子，可见他是孔子之后的人物。

另外，孔子去世百年之后的孟子所写的书中，曾经感叹"近来墨家思想很流行"，因而可以推测，墨子是在孔子去世百年内出现的思想家。

兼爱

墨子似乎一开始学过儒学，但后来认为孔子说的"仁"是一种"有差别的爱"。孔子认为，"仁"来自亲情，主张"尊敬父兄长辈、关怀子弟后辈，如此国家方能安定"。但墨子认为这样过于重视亲人，是狭隘的爱。

"重视亲人"，反过来说就是"不是亲人就可以随便怎么对待"，说到底就是按照自己的喜好挑选施爱的对象。墨子认为，这种"有差别的爱"，是一切社会混乱——包括战争在内——的根源所在。

他曾说过这样的话：

> 乱何自起？起不相爱……贼爱其身，不爱人，故贼人以利其身……诸侯各爱其国，不爱异国，故攻异国以利其国。天下之乱物，具此而已矣。察此何自起？皆起不相爱。（《墨子·兼爱上》）

基于这样的分析，墨子认为，"不分自己他人，应当爱人如爱己"。他还说："故视人之室若其室，谁窃？……视人国若其国，谁攻？"只要爱他人，一切混乱都会平息。

总而言之，墨子认为，"只要有爱，战争就会消失"。这与今天说的博爱主义颇为接近。由于墨子思想的核心是"兼而爱之"，所以这种思想被称为"兼爱"。

墨子推崇兼爱，热情地倡导"要平等地去爱家人、邻居、别国百姓，如爱自己一样。如此一来，就不会再有什么战争了"。

墨家

于是，赞同墨子观点的人，会聚成一个团体，称为"墨家"。墨家怀着兼爱的思想周游列国，呼吁各国诸侯停止战争。

"请不要再做出攻击他国的行为了，要把别的国家当作自己的国家一样去爱。"

这种无比天真的言论，战国时代的各国诸侯怎么可能听得进去呢？显然没人理会墨家，继续战争。

但墨家的不同之处在于，他们不仅高喊反对战争的口号，更重要的是，对于不听劝阻的战争，他们并没有袖手旁观，而是走上战场，与四处征伐的国家作战。对于信奉"兼爱"思想的墨家来说，最痛恨的莫过于"侵略战争"。墨子曾说过：

杀一人，谓之不义，必有一死罪矣。若以此说往，杀十人，十重不义，必有十死罪矣；杀百人，百重不义，必有百死罪矣。当此，天下之君子皆知而非之，谓之不义。今至大为不义攻国，则弗知非，从而誉之，谓之义。……此可谓知义与不义之辩乎？是以知天下之君子也，辩义与不义之乱也。（《墨子·非攻上》）

以自己的利益优先，不惜伤害他人。这种事情谁都知道是不对的。如果是"以自己国家的利益优先，不惜伤害其他国家"，很多人会认为这是"好事"，或者会觉得"这也是没办法"，并不认为这样不对。

在今天，我们都认为"不可挑起战争"，事实上，这只是因为两次世界大战造成的毁灭性后果，才形成现在这样的共识。在世界大战开始之前，世界上的绝大多数人都认为，"为了自己国家的利益去损害其他国家，是非常正常的"。

但墨子不能容忍这样的事情。既然为了利益而杀人是犯罪，那么侵略战争就是最大的犯罪，绝对不可原谅。所以，只要有弱小的国家遭到强国侵略，墨家的成员都会赶去那里，帮助小国对抗强国。

墨家不是为了国家、民族、思想，或者宗教而战。他们是为了保护弱小的百姓，不让他们遭受强者的蹂躏。这是他们的目标。

锄强扶弱！

在那个将"弱肉强食"视为理所当然的世界里，他们高举反抗的旗帜。

这里需要强调的是，墨家并不是那种喜欢多管闲事的人，他们是带着责任感，做好心理准备，用自己的生命去作战的无私者。如果他们最终未能保护预定的目标，他们甚至会为此自尽。

墨家也不是那种只会夸夸其谈、不懂实际作战的迂腐人士。他们有着丰富的防守经验，积累了许多保卫城池的技巧，甚至还发明了各种专门用于守城的武器，可以说是防御战的专家。

只有数千兵力的小国，在面对几万大军时，本来是一场绝望的必败之战。但正因为绝望，墨家才会赶来支援。他们决不容许强国用兵力数量欺凌弱国。墨家的气魄，也给周围人带来莫大的勇气。

那么，创建墨家的墨子究竟是什么人呢？墨家是一个极为罕见的思想家团体。不但东方少有，西方也没有类似的团体。然而正像前面说的，没有任何记载说明墨子到底是什么样的人。

正因为墨子是个谜一般的人物，所以后世的人们发挥想象力，给他赋予了各种背景。有人说，墨子可能是遭受过"墨刑"（这是古代的一种刑罚，在犯人的脸上刺字，然后涂上墨炭）的罪犯，或者是侠客团伙的首领。不过这些都是从"墨"字联想出来的坊间流言，并没有任何学术上的依据。无论如何，当时确实有过这样一群好汉，他们反对侵略战争，不顾力量上的悬殊差异，挺身对抗大国军队。

同为亚洲人——不，应该说同为人类，我们绝不应该忘记，有过这样一群热血男儿，有过这样一段值得自豪的历史。

06

儒家二号人物

孟 子

必杀技：性善说

公元前372年前后—公元前289年前后

主要著作：《孟子》

孟子的母亲曾经为了他三次搬家，所以留下"孟母三迁"的说法，表示"孩子的教育需要注意环境"。

追求"仁"的政治

孟子是孔子过世百年之后，活跃于战国中期的儒家学者。在孔子之后，出现了许多出色的儒家人物，孟子则是其中最伟大的一位。他的哲学思想中，最著名的是"性善说"。

性善说

所谓"性善说"，就是认为"人生来就有善心（仁）"的看法。在《孟子》一书中，孟子这样描述性善说：

> 所以谓人皆有不忍人之心者；今人乍见孺子将入于井，皆有怵惕恻隐之心。非所以内交于孺子之父母也，非所以要誉于乡党朋友也。（《孟子·公孙丑上》）

孟子提倡性善说，背后有清晰的依据。正如他所说的，"看到小孩快要掉到井里的时候，不管谁都会着急，赶忙要去把他救出来。可见，人生来就有善心（仁）"。

快要掉到井里的小孩，这可真是让人心慌的例子。举出这种令人心惊肉跳的情景，任何人都会赞同说："你说得没错，不管是谁都会想去救他。"

事实上，这种富有冲击力的表现，正是孟子的特征。他很擅长运用巧妙的比喻去说服他人，是一位出色的雄辩家。

孟子的"性善说"本身很容易理解，各位应该也充分明白了它的意思。不过，这个说法也会带来一个疑问：如果人天生是"善"的，那为何世上还会有战乱呢？对于这个疑问，孟子是如此回答的：

"那是用人者的问题。是统治者没有施行'仁'政。"

"仁"政

到此就要说到孟子最重要的观点了。他提出性善说，不只是为了表达"人性本善"而已，他是想由此论证统治者的无能。

"人性本善，这个世界却如此混乱，为什么呢？这是因为，统治国家的君主与官员都很愚蠢，都很无能！"

提到性善说，一般人很容易把它当成一种乐观主义的看法，"不必用规则或者惩罚去束缚人，要相信人的良心"。所以很多人会认为，主张性善说的孟子，应该是个亲切、温和、乐天的理想主义者。事实上完全相反。

孟子的脾气很火暴。不管对方是君主或者别的什么人，他都一样毫不留情。

以下就是孟子见梁惠王时的谈话内容：

"孟先生，您不远千里而来，想必给我们国家带来了不少好处吧。"

对于梁惠王的这个问题，孟子如此回答说：

"大王，为什么会问我好处呢？如果大王总是想着如何才能对国家有好处，臣子总是想着如何才能对自家有好处，百姓总是想着如何才能对自己有好处，这个世道会变成什么样子？人人只知道追求好处，国家就会陷入危机！所以别再问什么好处了，大王应该想的是如何施行仁政。"

孟子说完这番话，梁惠王大约很是恼怒，于是说起自己如何为国家努力。

"没有没有，我为国家也是尽心尽力啊，比如……"

不过，梁惠王说了半天自己如何努力之后，又失望地说：

"可我明明做了这么多努力，国家的人口却没有增加，这是为什么呢？"

孟子如此回答说：

"大王好像很喜欢战争，所以我就以战争为例和您解释吧。有一天，战鼓齐鸣，马上就要开战了。这时候有两个士兵十分害怕，逃出了战场。一个逃了五十步之后停了下来，另一个逃了一百步之后停了下来。于是那个逃了五十步的士兵嘲笑那个逃了一百步的士兵说：'我只逃了五十步，你却逃了一百步，你真是个胆小鬼！'大王，这故事您觉得如何？"

"太可笑了！虽然没逃一百步，可逃了五十步的也是逃兵啊！"

"没错！大王，您既然懂得这一点，又何必烦恼人口不多呢？如果能够避免在农忙时征用农民，就能收获吃不完的粮食；如果禁止渔夫用网眼很小的渔网去捕捞小鱼，鱼就能繁殖到抓不完；如果按照时节去山里砍树，木材就会多到用不完；如果能保证百姓的衣食住行，那就是王道的开端了。可是大王，丰收之年，富贵人家的猪狗吃掉了人的粮食，却没有约束制止；歉收之年，明明路上有饿死之人，却不打开粮仓赈济。百姓死了，还不承认自己的过错，说什么'不是我的错，是年岁收成不好'，这和拿刀杀人，却说'不是我杀的，是刀杀的'没有两样。大王如果不把饿死者归罪于收成，而是勇于承担责任，救济百姓，那么天下百姓自然会投奔而来。对了，大王，我还想请问，用刀杀人和用棍棒杀人有什么不同？"

梁惠王回答说："没有什么不同。"

"那么，用刀杀人和用政治杀人有什么不同？"

"……没有什么不同。"

"厨房里有肥嫩的肉，马棚里有壮实的马，可是百姓面带饥色，野外有饿死的尸体，这算是怎么一回事呢？"（《孟子·梁惠王上》）

这就是孟子与梁惠王的对话。"五十步笑百步"这句成语，也出自这里。

虽然孟子的包装很巧妙，但内容其实相当辛辣。

他对梁惠王说的是：

"你问我为什么人口没有增加？这是个愚蠢的问题。因为你是个无能的杀人犯啊。"

就是这样。而且为了让梁惠王理解，他还用了各种比喻，比如，"用刀杀人和用棍棒杀人有什么不同"，巧妙引出自己的观点，也让梁惠王不得不认同。

只看这一幕就应该可以明白，尽管孟子提倡性善说，但他绝不是人们想象中的那种性格温和的乐天派。

不过，只看上面这一幕，或许会有人觉得，孟子只是个敢于冲撞和批评统治者的人罢了。那么我们再来看另一个著名的故事：

有一天，齐宣王向孟子请教。

"像我这样不够成熟的王，可以让百姓安居乐业吗？"

齐宣王和别的统治者不同，个性谦虚、缺乏自信，甚至会说："我愚笨迟钝，担心自己治理不好国家。"

孟子斩钉截铁地回答齐宣王说："可以。"

"真的吗？凭什么知道我可以呢？"

"我曾听人说，有一次大王坐在殿上，看到有人牵牛从殿下走过。大王问那人：'你要把牛牵到哪里去？'那人回答说：'因为钟铸好了，我要去参加落成仪式，准备杀了这头牛，拿它的血涂在钟上，举行仪式。'于是大王说：'放了它吧！'那人说：'那么落成仪式怎么办？不举行了吗？'大王便说：'不，仪式不能不举行，用羊来代替牛吧。'请问大工可有此事？"

"嗯，确实有这么一件事。"

"大王真是仁慈之主。"

"哪里哪里。"齐宣王有些不好意思。

"不过，大王可知道百姓如何评说吗？他们以为大王是觉得牛价太高，觉得可惜，所以才改用羊来祭祀。"

"哎？不是啊。即使齐国再怎么弱小，我这个君王也不至于舍不得一头牛吧。我只是看到那头牛的表情很悲哀，不忍心看到无辜的它被人带去杀掉，才用羊来代替啊。"

"可是大王，百姓那么想，也是无可厚非的。因为大王只是用小的动物（羊）来代替大的动物（牛），百姓难免觉得大王吝啬。而且，如果大王觉得杀死无辜的动物很可怜，那么不管是牛是羊，应该都是一样的。"

孟子说完，齐宣王苦笑起来，沮丧地说："你说得确实没错。虽然我不是因为吝啬才要把牛换成羊，也难怪百姓这样说我。"

就在这时，孟子突然按住齐宣王的肩头说："大王，请不必在意百姓的评说。当时大王看到了牛，没有看到羊，这是最重要的。如果大王当时看到了羊的眼睛，大约也会觉得羊也不想死。大王不忍看到眼前有人受苦，这是了不起的仁心！只要把这样的仁心用在百姓身上，用它来治理国家，那就足够了。大王已经有了仁心，自然能让百姓安居乐业。"（《孟子·梁惠王上》）

这个故事感觉如何？它和梁惠王的故事完全不一样。梁惠王是个自以为伟大的无能君主，所以必须针锋相对地打醒他。但齐宣王和梁惠王相反，他个性软弱，也不避讳说自己愚笨迟钝。对于这种缺乏信心的统治者，再去说"你很无能"，显然不会有什么好的效果。与其如此，不如培养他的自信，让他心情好一些，这样对国家才更有利。

因此，孟子的对策是，首先指出"百姓认为大王很吝啬"，让齐宣王感到气馁，然后再突然掉转方向，夸赞他说，"但是大王想要拯救眼前的动物，这就是了不起的仁心"。这种辩论技巧，可以说相当高明。孟子便是这样巧妙地激起了齐宣王的干劲。

从这个故事可以看出，孟子并不认为"君主是掌权者，所以必定是坏人，当面斥责总是没错的"。他并没有那么武断。

孟子以这样出色的口才，把"仁"的思想灌输给各国诸侯。不过，他也有相应的傲气："大王让我去，我可不去（因为是你想向我请教，应该你来见我才对）。"所以有些君主不喜欢他。

总之，孟子并不认为君主有什么特别之处。他在《孟子》中如此写道：

> 民为贵，社稷次之，君为轻。

孟子认为，在一个国家里，重要性由高到低，依次是"百姓→国家→君主"。在那个时代，这是非常激进的言论。要知道，在西方被誉为进步思想家的卢梭，乃是18世纪的人。而孟子则是公元前300年的人。两个人之间足足差了两千年！单从这样的时代差距上，也可看出孟子是个多么出色的思想家。

孔孟之道

孟子为什么会有如此超越时代的想法呢？为什么他能够丝毫不惧权势滔天的君主，敢于正面顶撞呢？

因为孟子延续了孔子的路线，也继承了孔子的热情。

为政要体察民情！

这是孔子向当权者发出的呼唤。但孔子一生怀才不遇，几乎没有机会用这样的想法去顶撞当权者。

正因为如此，孟子——不，应该说是孔子的所有后继者，都继承了孔子的想法，怀抱梦想，提炼自己的观点，希望有朝一日用它来顶撞君主。而在孔子过世百年之后，终于有人修炼出强大的辩论术，连君王也成为其手下败将。

修炼出强大辩论术的孟子，面对君王，充分发挥了自己的勇气。

孔子的伟大哲学，最后发展成儒家学派，又被称为"孔孟之道"。在孔子的众多弟子与后继者中，孟子为什么独树一帜呢？这不仅是因为他完善了孔子"仁"的思想，也因为他是继承了孔子伟大情操的勇敢斗士。

07

东方的亚里士多德

荀　子

必杀技：性恶说

公元前313年前后—公元前238年前后

主要著作：《荀子》

荀子的人生经历似乎都与学问有关：读书、著述、教育弟子。《荀子》开篇有一句话非常著名："青，取之于蓝，而青于蓝。"

政治的根本在于"礼"

荀子是战国末期登场的儒家学者，与孟子并称，是孔子的伟大后继者之一。

如前所述，孟子继承和完善了孔子"仁"的思想，而一般认为，荀子继承和完善了孔子"礼"的思想。

"礼"的继承者

我们先来回顾一下，什么是"礼"。所谓礼，就是将仁（为他人着想）具体化的规矩、行为。孔子提倡用礼来取代祭祀，实际上就是向祭祀礼仪所代表的神秘权威宣战。荀子作为礼的继承者，也从孔子那里继承了这样的宣战行为。

在《荀子》一书中，他如此写道：

> 天行有常，不为尧存，不为桀亡。应之以治则吉，应之以乱则凶。强本而节用，则天不能贫；养备而动时，则天不能病；修道而不贰，则天不能祸。故水旱不能使之饥渴，寒暑不能使之疾，祅怪不能使之凶。本荒而用侈，则天不能使之富。（《荀子·天论》）

荀子的意思是："天和政治毫无关系。胡乱治理国家当然会带来不幸，仅此而已。"从现代人的观点来看，或许会觉得"这不是理所当然的吗？"，但在当时的中国，人们真的相信"天人相关"的思想，也就是说，"天会感应到人的行为，并带来相应的祸福"。

比如，那时候的人们认为，君王施行善政，就会有麒麟、凤凰之类的神兽出现；如果施行恶政，国家就会遭受地震、暴雨之类的灾难。这类想法是当时的常识，人们看到罕见的自然现象，就会出现骚动。

荀子彻底否定了这样的迷信。

> 星队木鸣，国人皆恐。曰：是何也？曰：无何也！是天地之变，阴阳之化，物之罕至者也。怪之，可也；而畏之，非也。夫日月之有蚀，风雨之不时，怪星之党见，是无世而不常有之。上明而政平，则是虽并世起，无伤也；上暗而政险，则是虽无一至者，无益也。夫星之队，木之鸣，是天地之变，阴阳之化，物之罕至者也；怪之，可也；而畏之，非也。物之已至者，人袄则可畏也。（《荀子·天论》）

这同样是非常务实的态度。荀子是说："占卜只是形式，然而百姓不知道。"

举个例子来说，我们现代人的日常生活中其实也有占卜，把它当作类似于人生建议之类的东西，也就不会有什么问题。比如说，"哎哟，今天处女座的运势很不好，看来我出门的时候要多多当心"，那是不会有什么问题的。如果把占卜当成真实存在的神秘力量，比如说，"占卜结果是大凶，今天我不去上学了！"，或者说，"今天的生意取消不谈了！"，像这样来做决定就过头了。很显然，这样的行为肯定不会有什么好结果。

然而古代国家总会倾向于仰赖占卜之类的神秘权威力量，以此来做政治上的决定。荀子非常反对这种做法，认为不能依靠迷信或者神秘力量来做政治决定。他主张，当权者应当回归现实，负责任地做出决定。

性恶说

儒家的前辈孟子是一个希望当权者施行仁政的理想主义者，而荀子显然是一个现实主义者。在西方哲学史上，最热情的哲学家苏格拉底也有两位了不起的继承者，一位是理想主义者柏拉图，另一位是现实主义者亚里士多德。而孟子和荀子的关系，也就像是东方的柏拉图和亚里士多德。他们两位的哲学显然并不合拍。正如亚里士多德从现实主义的角度否定了柏拉图的理型论一样，荀子也否定了孟子的性善说。他这样写道：

> 今孟子曰："人之性善。"无辨合符验，坐而言之，起而不可设，张而不可施行，岂不过甚矣哉！
> （《荀子·性恶》）

孟子基于性善说来教导君王的雄辩之术固然了不起，但在现实主义的荀子看来，那些都是空谈。不管孟子如何向君主灌输

"仁"的重要性、如何强调"施政要体察民心",都是纯粹的夸夸其谈,毫无具体措施可言。

说到底,孟子的"性善说"不管听上去多么动人,只要它无法回答下面这个问题,就很难说它有什么用处。

"人性本善又如何?由此能够推导出不让国家混乱的政策吗?"

与其用这种虚无缥缈的论点去游说君主,还不如直接展示具体的政策更有建设性。比如说,"建立这样的规矩,迫使百姓遵守,就能带来这样的效果,让国家变得更强大"。而为了这样的目标,显然从"人性本恶"的角度思考更有用处。所以,荀子提出了与孟子完全相反的"性恶说"。

> 人之性恶,其善者伪也。今人之性,生而有好利焉,顺是,故争夺生而辞让亡焉;生而有疾恶焉,顺是,故残贼生而忠信亡焉;生而有耳目之欲,有好声色焉,顺是,故淫乱生而礼义文理亡焉。然则从人之性,顺人之情,必出于争夺,合于犯分乱理而归于暴。故必将有师法之化,礼义之道,然后出于辞让,合于文理,而归于治。用此观之,然则人之性恶明矣,其善者伪也。(《荀子·性恶》)

荀子想说的是:"人总有欲望,如果不加管束,就会惹来纷争。所以必须制定规则,制止纷争,让人们和平相处。"荀子要让大家都遵守同样的约定（也就是放弃自由），避免自相残杀，这一点与17世纪的西方哲学家霍布斯的社会契约论十分相似。

国家的根本

总之，荀子的主张是，"人虽然本性是恶的，但只要教他们礼，就能成善"。不过，这里的"礼"，具体来说到底是什么呢？关于"礼"的来源，荀子是这么说的：

> 礼起于何也？曰：人生而有欲；欲而不得，则不能无求；求而无度量分界，则不能不争；争则乱，乱则穷。先王恶其乱也，故制礼义以分之，以养人之欲，给人之求。（《荀子·礼论》）

荀子在这里所说的"分"，是指身份的"份"。也就是说，农民就要穿农民的衣服，过农民的生活；商人就要穿商人的衣服，过商人的生活。因为资源有限，如果人人都想穿绸缎，吃大餐，国家（众人的共同体）将无法维持下去。所以，当权者应当规定百姓的生活："你是这个身份，就做这样的事，过这样的生活。"总而言之，就是要明白自己的身份。在荀子眼中，符合身份的生活方式，以及符合身份的行为举止，就是"礼"。

也许有人会觉得，这是一种歧视性的思想。理想社会，难道不是一种不受地位、身份约束的自由平等社会吗？

不是的。对于现实主义者的荀子而言，那种所谓的理想主义，根本没有讨论的价值。荀子甚至认为，从人类的社会实际情况考虑，根本"不应该平等"。

> 相高下，视硗肥，序五种，君子不如农人；通财货，相美恶，辩贵贱，君子不如贾人；设规矩，陈绳墨，便备用，君子不如工人。（《荀子·儒效》）
>
> 故百技所成，所以养一人也。而能不能兼技，人不能兼官。离居不相待则穷。（《荀子·富国》）

与其全部都靠自己去种庄稼、盖房子，不如给每个人分配好角色，各自负责不同的工作。换句话说，有人专门负责耕种，有人专门负责盖房子，并且相互分享成果，这样会更有效率，也能给所有人带来更大的利益。早在公元前的久远年代，荀子就已经指出了分工的优势。不过，这也就意味着，不能人人平等。

> 人主者，以官人为能者也；匹夫者，以自能为能者也。（《荀子·王霸》）

统治者给百姓安排好最适当的角色，而百姓自豪地去扮演好分配的角色——这就是荀子理想中的国家形态。所以他才会主张，"通过教育让人人守礼（与身份或社会角色相符的言行举止）"。

礼者，治辨之极也，强固之本也。（《荀子·议兵》）

荀子之所以提倡"礼"，是因为它能维持国家秩序。实际上，如果把荀子提倡的"礼"换成"法律"两个字，也就和"法家"学派的观点相同了。说到底，所谓礼，无非就是"人类社会约定俗成的规则"，因而完全可以替换成"法律"两个字。

也正因为如此，荀子的论述越是出色，法家也就越是可以直接沿用他的论述。而且，曾经为荀子的现实主义所倾倒的弟子们纷纷投向了更加现实的法家（荀子虽然提出了这些观点，毕竟还是一位注重仁礼的儒家学者）。

荀子的伟大，实际上促进了法家的壮大，给后者带来了长足的发展。

08

出身贵族的法家代表人物

韩非子

必杀技：形名参同

公元前280年前后—公元前233年前后

主要著作：《韩非子》

韩非子的政治思想折服了秦始皇。他的著作与一千八百年后马基雅维利的《君主论》并称帝王学圣经，至今仍拥有大批读者。

政治就是令国家富强

战国时代，各国都陷入丑恶的权力斗争中。在那个黑暗混沌的时代里，诞生了儒家、墨家、法家、名家、兵家等各种学派。

那么，最后的结果是什么呢？

结果就是，法家大获全胜。他们击败了诸子百家，存活下来。

为什么法家能够活到最后？这是因为，法家出现了一位完善法家思想的大天才——韩非子。

悲剧天才

据《史记》记载，韩非子本是荀子的学生，所以他也是在荀子门下学过"礼"后，再转投法家的。另外《史记》中还写道，韩非子有口吃的毛病，因而他很不擅长辩论，也就不可能像孟子那些人一样，在君主面前侃侃而谈自己的观点，获得他们的认同，走上飞黄腾达之路。

不过，韩非子具有优秀的写作才能。或许正因为他无法顺利说出自己的想法，才能将更多的热情投注到写作方面吧。

不管怎样，向荀子学习了现实的"礼"之哲学后，韩非子回到了自己的故乡韩国，又把自己的观点写出来，设法呈给了韩国国君。遗憾的是，韩非子呈上的政策，并没有得到韩王的关注。

由于韩非子口吃，所以在成长的过程中，他的兄弟都看不起他，管他叫"吃非"。对韩非子而言，"去国外留学，学成之后回国，向君王进献政策而获重用"，应该是他反击周围人的大好剧本。然而韩王丝毫不搭理他，显然严重挫伤了韩非子的自尊心，令他无比沮丧。

不过有一天，韩非子的著作偶然传到了韩国的敌国秦国手上。秦王政（也就是后来的秦始皇）读过之后大为震撼，甚至说出这样的话："要是能和作者见上一面，死而无憾！"

秦王政立刻召大臣询问这是谁写的。正好当时的秦国丞相李斯也曾是荀子的学生，后来同样成为法家的一员。他认识韩非子。

"作者名叫韩非。"

听到这个消息，秦王政做出了一个非常夸张的决定：他出兵攻打韩国，就为了找到韩非子。

韩王当然大惊失色。当时的韩国是战国七雄中土地面积最小、国力最弱的一个，根本不是秦国的对手。为了一个自己根本不想搭理的人，就连累国家灭亡，这太夸张了吧！于是韩王急忙派遣韩非子担任使节去见秦王政。这其实就是交出了韩非子这个人。

韩非子在自己的祖国丝毫不受待见，没想到敌对的秦国国君如此看重他。尽管是敌对国家，但受人看重毕竟是让人欣慰的，于是韩非子踌躇满志地去了秦国。

接下来就是韩非子大展身手的故事——

虽然很想这么说，遗憾的是，不知为什么，韩非子在秦国也没有受到太大的重用。有一种说法认为，韩非子一有机会就会劝说秦王政不要攻打韩国，令秦王政颇为不满。而流传下来的韩非子献给秦王政的书简，内容也平淡无奇，不像是韩非子所写。总而言之，韩非子似乎真心不愿秦国攻打韩国。毕竟他是韩国人，保护祖国的家人朋友平安无事的想法，大约还是强过赢得秦王欢心、在秦国出人头地的愿望吧。

这也是韩非子的弱点所在。对秦国的大臣来说，韩非子是敌国来的乡巴佬，相当于自己的眼中钉、肉中刺。尤其是丞相李斯，认为韩非子的存在对自己是个威胁。两个人曾经共同向荀子求学，李斯自然深知韩非子的天分。

韩非子也许天真地认为，在秦国这种无亲无故的地方，孤单的时候能有同门李斯照顾，实在很走运。但李斯恐怕并没有把韩非子看作同伴，而是当成威胁自己地位的可恨政敌吧。

韩非子想要保护祖国的愿望，正好被李斯用来攻击韩非子。

"从韩非呈上来的书简，可以看出他很想帮助韩国苟延残喘。他只想到韩国和自己的利益，是个对秦国有害无益的人。"

李斯向秦王政进献谗言，他还说："放任韩非这样下去太危险了，应该马上把他抓起来。"

秦王政也有同样的看法。如果韩非子不愿协助秦国，那么也不能让这么优秀的人才跑去帮助他国。或许是出于"暂且关他一阵"的想法，秦王政下令把韩非子关进了监狱。

但李斯可不会满足于此。他偷偷告诉狱中的韩非子，"大王对你非常愤恨"，让韩非子服毒自尽。于是，尽管后来秦王政回心转意，下令释放韩非子，但为时已晚。精神上大受打击的韩非子已经如李斯所愿，服毒自尽了。

就这样，韩非子没能施展自己的才能，便死于非命。

不朽名著《韩非子》

无论如何，震撼了秦王政的著作，依然无比出色。韩非子虽然死了，但秦王政和李斯还是把《韩非子》一书保留了下来，当作秦国的政治教科书。按照书中内容治理的秦国，逐步成为无可匹敌的超级强国。

韩非子留下的著作中到底写了什么呢？

简单来说就是：整理了各种政策，用来建设一个以君王为中心的强盛国家。

首先，韩非子直接否定了将"仁"作为治理国家的基础。他认为：

> 夫以君臣为如父子则必治，推是言之，是无乱父子也。人之情性莫先于父母，皆见爱而未必治也，虽厚爱矣，奚遽不乱？（《韩非子·五蠹》）

韩非子说的是："父亲和儿子之间也会吵架，不是吗？父母溺爱的孩子会做坏事，不是吗？"更何况"君王与臣子""君王与百姓"，根本不是父子关系。连父子之间都未必相处融洽，期望靠"仁"来与外人建立关系，完全是不切实际的想法。

正因为如此，韩非子坚决主张，不要用"仁"这种纸上谈兵的概念当作治理国家的基础，要用"法"这种确切具体的东西。

在这里，韩非子所说的"法"是什么呢？它和荀子说的"礼"又有什么不同呢？韩非子说，"法与礼本为一体"，又说，"不过，法的特点在于它具有刑罚的强制力"。

韩非子并没有遮遮掩掩地讨论这个主题。他没有说什么"所谓法就是能让国家的秩序如何如何、能维持百姓生活秩序如何如何"，而是明确指出，"所谓法，就是通过刑罚来迫使人们遵守"。这正是韩非子的伟大之处。

另外，韩非子也认为，儒家学者经常把古代圣王（尧、舜、禹）挂在嘴边，这并不是好事。

他的看法是，那些古代圣王的故事，对今天毫无帮助。就算历史上真的出现过那么伟大的君主，又能怎么样呢？过去是过去，现在是现在。儒家学者的观点是，古代圣王都具有高尚的人格，所以国家才会治理得井井有条；事实上，那时候的中国还是原始的小国，圣王的做法只适用于那个时代。现在已经不同了，国家规模很大，社会形势也很复杂，圣王的做法放到今天未必能行得通。韩非子在书中写道：

今儒、墨皆称先王兼爱天下，则视民如父母。何以明其然也？曰：司寇行刑，君为之不举乐；闻死刑之报，君为流涕。……且夫以法行刑，而君为之流涕，此以效仁，非以为治也。夫垂泣不欲刑者，仁也；然而不

可不刑者，法也。（《韩非子·五蠹》）

恰如韩非子所说，这样不能算是"为政之道"。战国时代的国家，已经不像从前那么容易治理了，不可能再像过去那样，仅靠"君王人格高尚"就能把国家治理好。

此外，不同于儒家和墨家，韩非子还有一个很精彩的观点："百姓都会跟随形势，而非跟随正义。"换句话说就是，"百姓并不会因为当政者体贴善良就跟随他，而只是因为君王拥有强大的权力，不得不跟随他"。也正因为如此，韩非子才会主张，最重要的任务是"让国家强盛"，而不是空谈什么"仁""圣王"之类的概念。

形名参同

那么，让国家强盛的具体方法是什么呢？韩非子认为，方法是"形名参同"。

这里的"形"，指的是"实际做到的事"（成果），"名"指的是"答应要做的事"（约定）。"形名参同"就是指，"对比臣子答应要做的事和实际做到的事，以此做出评价"。韩非子如此写道：

言已应，则执其契；事已增，则操其符。符契之所合，赏罚之所生也。故群臣陈其言，君以其言授其事，事以责其功。功当其事，事当其言，则赏；功不当其事，事不当其言，则诛。（《韩非子·主道》）

换成现代的说法就是注重结果的"成果主义"。

让我们对比看看施行"形名参同"（成果主义）与未施行"形名参同"的国家之间有什么不同。

未施行"形名参同"的国家（秦国之外的国家）

君主：上次的工程，现在情况如何？差不多该完工了吧？

臣子：啊，因为天气原因，有些延误。

君主：这样啊，那也没办法，继续加油吧。

臣子：对了，希望再追加一点预算。

君主：这可不好办啊。你应该知道我们的财政情况挺困难的。

臣子：请大王想想办法。对了，我最近得到了一个很罕见的东西，想献给大王。

君主：哦，你有心了，我很期待啊。我从小就受你父亲照顾，工程的事情，你全权处理吧。

臣子：多谢大王（太好了，这样就可以搞到很多预算，尽情挥霍了）。

施行"形名参同"的国家（秦国）

君主：上次的工程，现在情况如何？差不多该完工了吧？

臣子A：啊，因为天气原因，有些延误。

君主：这样啊，那只能惩罚你了。

臣子A：哎呀，请等等。对了，我有东西要献给大王。

君主：啰唆什么，闭嘴！一切以法为依据，现在就要惩罚你。来人哪，给我把他拖下去！

臣子A：啊，不要，大王恕罪！

君主：那么，有没有人接手他的工作？

臣子B：请交给我吧。

君主：嗯，你多久能做好？

臣子B：这个嘛，一年吧（其实半年就够了，但姑且说一年吧。可以拿到一年的预算，还可以慢慢做，多出来的预算就用来挥霍吧）。

臣子C：且慢！这份工作我只要半年就能完成。

臣子B：哎？

君主：好，那就交给你来做。我不需要一年才能做好的废物。来人哪，给我把他拖下去！

臣子B：啊，不要，大王恕罪！

君主：既然你说半年能做好，那么到时候做不好，我可要惩罚你。

臣子C：微臣明白！我会拼尽全力，在半年内做好。

君主：很好，那你去吧！

看完这两个比较，你有什么想法？显然，十年之内，未施行"形名参同"的国家，和施行"形名参同"的国家之间，国力将会有天壤之别。

此外，由于君臣之间一切都以"形名参同"为标准，所以君臣之间不能太熟悉。为此，韩非子又细心地指出，君主在对待臣子的时候，应该注意自己的态度。

> 虚则知实之情，静则知动者正。（《韩非子·主道》）
>
> 君无见其所欲，君见其所欲，臣自将雕琢。（《韩非子·主道》）

韩非子认为，君主必须是让臣子无法捉摸、时刻畏惧的存在。

秦始皇

读到韩非子的著作大受震撼的秦王政，据说早在十三岁时就坐上了王位。当然，这个年纪肯定无法管理国家，所以就由比他父亲年纪还大的臣子摄政，秦王政只是坐在王座上当傀儡而已。

虽然是君主，但毫无权力，每天只能按照臣子的吩咐去做，甚至还有人训斥他："大王和圣王相比，差得太远。"年幼的他不禁怀疑：我这样算是什么君主？就这样过了十年之久，某一天，秦王政遇见了一卷书。那书太了不起了。

"张口闭口圣王如何如何，有什么意义？不管是国家规模还是社会形势，现在和过去都完全不同。重要的是现在！现在！"

秦王政所受的教育，一直都说"圣王才是完美的模范"，所以他看到这样的内容，十分惊讶。而且书中还有更多让他震撼的内容：自己一直依赖的臣子，原来是自己真正的敌人。

"君主最大的敌人就是身边的臣子。如果放任臣子不管，他们一定会滥用自己的权势，牟取私利。君主的工作就是要驾驭好这些人，让他们好好为国家做事！"

这番话太尖锐了。秦王政颇有一语惊醒梦中人的感觉。不仅如此，书中还提到该如何建立一个以君主为核心的强盛国家。

"就应该这样！身为君主，这就是我应该做的事！"

秦王政兴奋地大叫起来，他甚至激动得热泪盈眶。

"要是能和作者见上一面，死而无憾！"

他说的这句话，一点也不夸张。正是这本《韩非子》，让他找到了自己的生存之道。

后来，秦王政践行书中的内容，成功地增强了秦国的国力。无比强大的秦国，不断吞并周边的国家，最后统一了中国。

于是，中国历史上的第四个王朝——秦朝，由此开始。秦王政也不再称自己是"王"。以前人们用"王"这个称号代表至尊的地位，说到"王"，指的就是周王。但自从周王失去权威之后，地方诸侯也纷纷自行称"王"。所以到了秦朝的时候，"王"已经不再表示至尊的地位，而是变成了司空见惯的称号。因此，秦王政发明了比王更加高级的新称号："皇帝"。而他是中国第一个皇帝，因此自称为"始皇帝"。

秦始皇掌握了足以统治全中国的强大权力。他那个逼死了韩非子的丞相李斯，也没有放过这个机会。他向秦始皇进言，说儒家、墨家以及其他各家学者，借用古代圣贤的言论批评时政，最好趁此机会终结诸子百家的时代。于是，除了法家、医学、农牧等符合秦朝统治思想的或实用的书籍，其他学派的书籍都被焚毁。

由此，诸子百家宣告终结，只有法家成为最后的胜利者。

不过，发展到巅峰的法家不久后也走上末路。重用法家的秦始皇突然死去，秦二世即位之后，法家的处境顿时变得岌岌可危。当年，秦国的重臣之所以接受法家的严格规则，是因为身处战国那样一种"失败就会灭亡"的严酷竞争之中；而现在已经没有了外敌，重用法家的秦始皇也已经死去，法家的存在就变得非常碍事了。

毕竟，秦朝已经统一了全中国，而那些重臣则是大权在握。既然如此，又何必遵守那些毫不通融的法家规则呢？那些烦人的规则就放到一边去吧，自己稍微享受享受，又有什么过错呢？——重臣产生这样的想法，也是可以理解的。

而且，秦二世刚巧还是个蠢材。他的脑子并不好，一味贪玩，极尽奢华，不管李斯怎么规劝，他都无动于衷，认为"当皇帝就应该满足自己的欲望，为所欲为"。

于是，善于拍马屁的人就成了重臣，架空了秦二世，掌握了权力。朝政变得十分混乱。

有一次，有个重臣牵来一头鹿，献给皇帝，但非要说它是一匹马。其他大臣没有人敢站出来说："不对，那是一头鹿。"掌握实权的已经不是皇帝，而是这个重臣，所以没人敢违抗他的意思，大家纷纷附和说："真是一匹好马！"据说，日语里的"马鹿"一词，就来源于这个故事，有"愚蠢至极"的意思。总而言之，秦朝到这时候已经"愚蠢至极"了。

李斯被皇帝日渐疏远，最后上了重臣的当，被诬陷下狱。在残酷的拷问下，李斯被迫认罪，在法的名义下被满门抄斩。

法家因为法而成功，因为法而杀人，也因为法而失去性命，因为法而灭亡。这是多么讽刺的结局啊！

顺便再说下后来的发展吧。蠢材做皇帝的国家当然不可能维持很久。失去民心的秦朝，被刘邦、项羽等英雄领导的起义军推翻，只维持了十几年就灭亡了。

后来刘邦得了天下，建立了汉朝，采纳了从"焚书坑儒"中幸存下来的儒家学问作为汉朝的国学。于是，孔子的观点再度复活，并且得到极大发展。从这个角度来看，笑到最后的还是儒家。（对了，在汉朝之后，就是著名的"魏、蜀、吴"三国时代。）

无论如何，百家争鸣的时代，以韩非子的出现而告终。

09

最懂得无为的大哲学家

老 子

必杀技：无为自然

公元前4世纪前后？

主要著作：《老子》（《道德经》）

老子的著作是格言的宝库，比如"天网恢恢，疏而不漏""大器晚成""信言不美，美言不信"等。

万物始于道

至此为止所介绍的"某某子"，都是思考"国家应当如何"的伟大哲学家。这些哲学家提出的国家论和政治哲学，成为中国这个超大型国家的政治基础，也对包括日本在内的亚洲各国产生巨大影响。不过，与其说他们是"东方哲学家"，不如说是"东方思想家"更为贴切，因为他们更多考虑的是"这个世界应当如何"，而不是"自己如何抵达真理境地"。

接下来要介绍的老子，则是完全不同的。他不是"东方思想家"，而是中国哲学中足以和释迦牟尼匹敌的伟大的"东方哲学家"。

中国与佛教

释迦牟尼的佛教在印度没落之后，被迫踏上东去的旅程，来到了中国。但是，最开始佛教难以融入中国。当时的中国人基本上多注重现实利益（金钱、名声、儿女、长寿等），对佛教那种人生如梦的观点，难以产生共鸣。

"就算再怎么有钱，也难逃一死，所以何必执着于金钱呢？"

佛教的这种逻辑，在中国行不通。

"哎？话虽然这么说，但我们现在不是还活着吗？与其担心死后怎么样，还不如趁活着的时候多多享受吧。"

实际上，佛教的教义认为"人生皆苦"，而中国传统的儒家学说认为，"人生是快乐的"。总而言之，印度人与中国人看待事物的本质就是不同的。

比如轮回转生的概念，印度人将之视为一种苦。他们认为，每一次的轮回转生，都意味着又会面临一次死亡。在痛苦中挣扎着死去，然后再次降生、再次挣扎着死去。而且，下一次的轮回未必还会降生为人，可能会转世为渺小的虫豸，在地上爬行，说不定被谁不小心踩到，在强烈的疼痛中死去。

"我到底死了多少次？下一次死亡又会在何时找到我？"

永远没有结束的结束。这不是地狱，还能是什么呢？所以，如果能摆脱这种轮回转生的"地狱怪圈"，印度人就会将之视为"解脱"。他们世世代代都在探索如何才能抵达那个境界。顺便说一句，印度人相信"只要在现世吃苦，轮回时就会变得好些，甚至可以脱离轮回"。这也是印度人苦行的动机之一。

但是，中国人听到源自印度的轮回转生思想，表现出截然相反的态度。

"哎，还可以再活一次？那太好了！又可以再一次享受人生了！"

这真可以说是乐观的想法。由于大部分中国人都很重视孝道，崇敬祖先，所以他们无法接受祖先转世化为虫豸的观点，所以这一思想最终未能在中国生根，但这并不妨碍他们从完全相反的角度解读这个思想。

正因为中国人都是这样的性格，所以他们不太能接受"人生皆苦，所以你要聆听释迦牟尼的哲学"的理念。不仅如此，即使举出受苦的具体事例说："看，人生存在这么多苦痛！"中国人恐怕也会兴高采烈地说："哎，那我就苦中作乐吧！"

中国人绝不会输给"苦"。不仅如此，他们还会把"苦"转化成"乐"。

比如，有一种很苦很难吃的水果，而且还有毒，吃了会有致命危险。如果是其他民族，不会再去碰那种水果。

但中国人不是这样。他们肯定会想办法找出能把这种水果变好吃的方法。

越是对中国人说"那东西不能吃"，他们越是会去尝试。

不过改良水果不是一朝一夕就能成功的。很多人去挑战试吃，结果中毒而死，但还是会有人前仆后继，继续向这种水果挑战。最后，在经过了漫长的岁月后，终于有人找到了某种可行的食用方法，把它变成了可以食用的东西。

"不管什么样的苦，都要克服它、击败它，尽力获得快乐。"

即使对手是"洪水"这样强大的自然现象，中国人也毫不退缩，想方设法要战胜它。

佛教与这样的价值观是完全相反的。佛教认为，想要获得快乐的动机（执着、欲望），正是不幸的根源，所以佛教与中国的精神实质并不相符。因此，当佛教来到中国的时候，人们并没有把它看成深刻的哲学，只是当成一种能够带来现实利益的神秘宗教。"不管怎么说，只要拜佛就能遇上好事，对吧。"

不过，后来发生了一件对于佛教来说非常有利的事件。那就是，中国出现一位杰出的哲学家：老子。

老子显然并不关注"现实利益"。在《老子》中有这样一段话，展示了他的思想：

为学日益，为道日损。损之又损，以至于无为。无

为无不为。（《老子·第四十八章》）

简单来说，意思就是："做学问每天都会有所收益，但为道则每天都会有所损失。一直损失下去，就会抵达无为的境界。到了无为，一切就会自己行动，自然万事皆顺。"

第一句说的"做学问就会有所收益"很是不错，但第二句就奇怪了。且不说"道"是什么，只要"为道"就会有所损失，这是什么意思？而且，正常人总会避免损失，但老子又说，要一直损失下去，直到无为。

这样的观点完全不像中国的性格。老子说的不是"得到""变强""获利"，而是"舍弃""变弱""受损"。这些都是与现实利益完全相反的内容。

老子的哲学后来催生出道家学派。道家与老子一样否定现实利益，所以道家的学者能够毫无抵触地接受佛教的虚无论点。这些人遇到了佛教之后，产生出惊人的化学反应。

首先，道家意识到，佛教并非世人以为的神秘宗教，而是在漫长时间里形成的深刻哲学体系。

另外，道家还发现一件令他们震撼的事情：佛教，也就是释迦牟尼哲学的核心，竟然与老子的哲学极其相似。因此他们提出了一个惊人的假说，即"老子化胡"说。

"晚年的老子一路西行，直到印度，改名为释迦牟尼，创立了佛教。"

当然，这种说法毫无历史根据，只是传闻而已。

无论如何，正是道家学者深入研究了哲学意义上的佛教（而不是宗教意义上的佛教），将之延续下去。因此，也可以说佛教之所以能在中国扎根，是出于老子的影响。如果没有老子，中国的佛教也许将是另一副面目。

充满谜团的老子

那么，老子到底是什么样的人物呢？

在中国的史书《史记》里，提到了三个可能的人选。但这三个人当中谁才是真正的老子，没人知道。《史记》写于公元前100年左右，而老子应该是公元前500年左右的人物。也就是说，在《史记》成书的年代，老子就已经是个充满谜团的人物了。那时候都是如此，更不用说今天根本无从知晓谁才是老子。

不管老子是谁，据说是他所写的《老子》这本书倒是一直流传至今。

关于《老子》一书的问世，还有这样一个故事。

某天，老子对衰落的周朝彻底失望，决定离开，他在穿越国界的时候，负责通关工作的长官尹喜很敬佩老子，恳求他说：

"在离开之前，请把您的哲学写成文字留下来吧！"

这个请求真是太妙了。本来老子似乎并没有打算留下自己的哲学，因此从来没有写过书。如果老子就这样离去，中国史上最重要的哲学可能就会从此失传了。

不过老子本人显然并不想写，因为他很清楚，自己的哲学并不能以文字加以表现。但尹喜苦苦恳求。

"像您这样伟大的哲学家，怎么能悄悄消失呢！"

在这样热切的恳求下，老子终于让步，答应了尹喜的请求。

"既然你这样恳求，那也只能这样了。"老子大约带着这样的心情，写下了自己的哲学著作。而这本书的名字就叫《老子》。

不过，这本书的原始版本已经散佚，更遗憾的是，流传下来的《老子》中还夹带了一些文风不同的拙劣内容，还有一些说儒家坏话的篇章，怎么看都不是出自老子之手。这些内容很可能是后世的道家学者自行添加进去的伪作。但哪些是伪作、哪些是老子本人所写，就连专业人士也是意见纷纭。

老子所写的内容本来就很抽象，有许多不知想要表达什么，所以已经是非常难读的书了。再加上这样虚假的内容，更难让人厘清老子的哲学。

从通常的角度看，这本书似乎是在说一些有违常识的观点，比如"弱就是强""输才是赢"，所以有人会把它理解为一本教导处事法则的书，提醒世人"不要斤斤计较，有时候不妨放松一点，反而会过得比较顺利"。然而这些其实并不是老子哲学的本质。

道

要理解老子的哲学，首先必须弄懂"道"这个字。对于"道"，老子是这么说的：

> 有物混成，先天地生。寂兮寥兮，独立而不改，周行而不殆，可以为天下母。吾不知其名，字之曰道。强为之名曰大。（《老子·第二十五章》）

这段话看起来不知道在说什么。总之意思就是：

- ·比天地更早的混沌之物，就是"道"。
- ·万物都是从"道"诞生的。

先明白这两条就好了。

不过，说什么"比天地更早的混沌之物"，口气未免也太大了，好像在讲什么宇宙理论一样。其实，所谓"道"，就是在万物诞生之前，也就是宇宙诞生（大爆炸）之前的混沌状态。

——不对吧，怎么可能是这个意思呢？

那么再介绍一些老子的"道"吧。《老子》的开篇是这么说的：

道可道，非常道。名可名，非常名。无名天地之始，有名万物之母。（《老子·第一章》）

翻译成白话文就是：

"能够说是'道'的那种道，不是真正的道。能够说是'名'的那种名，不是真正的名。无名是天地的起始，有名（取名字）是万物的母亲。"

这样大概还是很难理解它的意思吧。那么我们再把重点提取出来看看：

　　·没有名字的状态，是天地的起始（万物尚未诞生的状态）。

　　·有名字的状态，是万物的母亲（万物已经诞生的状态）。

再加上前面说的：

　　·比天地更早的混沌之物，就是"道"。

于是，可以看出它们之间有这样的关系：

没有名字的状态＝万物尚未诞生的状态＝混沌＝道

所谓没有名字（无名），就是"尚未区分和命名"。恰如印度哲学那一章所说，如果人类没有区分、取名，那么世界就是一切都混杂在一起的混沌之海，这也就是"万物"尚未存在的状态。"万物"（苹果、桌子以及我们平时认为存在的东西）之所以存在，是因为人给它们取了名字，以某种方式加以区分之后，才出现的。只有如此，才会产生"（对人类而言的）存在"。

所以老子才说："无名天地之始，有名万物之母。"

老子接下来又写道：

> 故常无欲，以观其妙；
> 常有欲，以观其徼。
> 此两者同出而异名，
> 同谓之玄。

妙：深奥

徼：境界

玄：神秘

那么，看这几句就应该很明白了，老子的哲学和释迦牟尼的哲学是非常相似的。

老子开篇就提出了堪称佛教精髓的"无分别智的境界"，这一点明确显示出释迦牟尼与老子两人的境界差异。

老子所写的文章固然难懂，但只要掌握了重点，就会发现内容其实很简洁，直指东方哲学的核心。相对而言，释迦牟尼就显得像是在兜圈子，总是讲各种寓言故事，绝不会把核心内容干脆明了地讲出来。释迦牟尼为什么非要这样呢？因为他是个教育家。

释迦牟尼有许多弟子，他有责任将他们引导到"无分别智的境界"。但那种境界不是能以语言传达的，只有通过亲身体会才能理解。在教授这样的内容时，好的教育家自然会用兜圈子的方式富有耐心地引导学生。如果直接讲出来，学生大概只会说一句"哦，原来是这样"，然后就满足于此，不再想要亲身体验了。

所以释迦牟尼绝不会触及核心，只会耐心讲述一些在核心周围游移的寓言故事，让弟子自己去寻找核心。

相反，老子并没有肩负释迦牟尼那样的使命。他虽然也有弟子，但他并不打算把弟子引导到那样的境地。或许他认为，能懂的人自然会懂，没必要强求。实际上，老子原本就打算不告而别，只是刚好被人拦住了，他才在他人的恳求下勉强写下了那样的境界。

正因为这样的背景，老子的书才会写得如此直白。

不妨想象这样一种情况：有位数学教授取得了足以荣获诺贝

尔奖级别的研究成果（诺贝尔奖没有数学奖，有一种说法认为是因为诺贝尔被某位数学家抢走了女友），但那位教授并没有就此写出论文，就突然说自己要去外太空。大学里的相关人士当然会想办法拦他，最后终于赶在火箭发射前拦住了他，而他们对教授也只有一个要求："老师，请您在上火箭之前，先把成果留下来！"

拒绝这些人也很麻烦，于是教授飞快地把自己的研究成果写在纸上。他写的内容自然不会考虑对于读者是不是容易理解，只会径直写出只有专家才能理解的核心公式，打发掉这件事，以便踏上自己期盼的旅程。

老子写书的情况，就像这样。

"好吧，我知道了。虽然不确定你能不能看懂，姑且就按你的希望，把我知道的内容写给你吧。"

正是出于这样的动机，所以老子开篇就从核心写起。

"首先我要声明，能用语言表示'是这个'的东西，根本不是真理。你先记住这一点，再往下看。那么简单来说呢，就是所谓万物的存在，是因为取了名字才诞生的。如果没有任何价值观、无欲无求，就能看到万物诞生之前的混沌世界。如果怀有某种价值观，产生出欲望，进而区分事物的话，就会看到万物之间有着清楚区分的世界。不过，两者其实是同一个世界……"

释迦牟尼与佛教的高僧，之所以使用各种技巧迂回讲述，就是为了避免讲出这个目的地（终点），而老子直截了当地说了出来。对老子而言，读者是否理解这个目的地，或者能否抵达这个目的地，他都不关心。只是因为有人要他写，于是他就把自己所想的写出来而已。

所以《老子》一开篇就跳到了目的地。

但《老子》并不是到了目的地就结束了。由于开篇即目的地，那么接下去自然就是从目的地再往前走。也就是说，抵达目的地之后还会怎样。

说起来，对于释迦牟尼的"开悟的境地"，你难道没有产生过这样的疑问吗：

"所谓开悟，简单来说就是无欲无求、停止思考吧。如果真的无欲无求，不就活不下去了吗？"

释迦牟尼和佛教都没有回答这个问题。虽然他们讲了如何抵达终点（开悟的境地），但对于终点本身，以及抵达终点之后的生活，他们绝口不提。

"问这种问题有什么意义呢？人生就像中了毒箭一样，没有时间让你慢腾腾地讨论。如果你有时间想这种事，还不如早点抵达终点。"

这就是佛教的说法，也是他们的基本态度。所以如果有一天你在某个场景中听说他们在讨论这样的问题，千万不要上当，那些都是为了诱使你抵达终点而准备的诱饵。

"抵达终点之后，一切苦痛都会消失！别再犹豫了，快去吧！"

所以，对于抵达终点之后将会如何的问题，释迦牟尼和佛教的答案不能当真。

但老子就不同了。他没有释迦牟尼那样的限制，所以对于这个问题，也是同样直白地给出回答。

"在东方哲学中，抵达终点（开悟、无分别智、梵我合一）的人，究竟会变成什么样子？"

老子的回答是：会变得无为自然。

无为自然

在老子的哲学中，"无为自然"是重要性仅次于"道"的关键词。在此重新引用前面提过的一句话：

> 为学日益，为道日损。损之又损，以至于无为。

所谓"为学日益"，是说做学问就能逐渐积累知识，也就是区分（语言）会逐渐积累。相对地，"为道日损"，则表示放弃区分（语言），任凭知识逐渐减少。老子认为，等区分减少到最后，就会抵达无为的境地。

所谓无为，就是"什么都不做"。但根据常识，如果变得

"无为"，就会对日常生活造成妨碍吧。

不要担心，老子接着又说了一句：

无为无不为。

虽然什么都不做，但不是什么都不做。这句话真是令人费解。总而言之就是说，即使什么都不做，事情也会自行发生。

想要真正理解这句话的意思，还是需要亲身体验。

请用手指轻轻搔几下脸颊。

怎么样，搔好了吗？

那么现在有一个问题：刚才的动作，真的是"你所做的""你所为的"吗？如果你搔了两下，那么为什么是两下？而不是三下？另外，为什么你搔的是"那个位置"，而不是旁边的位置呢？

其实，"用手指搔脸颊"的行为是非常复杂的肌肉动作。你刚才有没有给每一根肌肉纤维下指令，让它们把手指移动到脸颊的特定位置呢？有没有向手指的每一根肌肉纤维下指令，让它们轻搔特定的次数呢？

应该都没有吧。现在你再仔细做一次看看，有没有察觉到，即使你没有指挥某些细微的动作，肌肉还是会自行收缩，让手指运动起来。这一连串的动作，其实你并没有参与。

换句话说，日常生活中的一些行为，我们本以为是"自己要这么做的"，其实只是身体自行运动而已。"我"只不过是个"旁观者"。

不仅搔脸这个身体行动是这样，我们平时无意识的思考也是同样。

比如，你想把冰箱里的果汁喝掉。可是，为什么你会这么想？这一想法真的是你"想要这么想"，才想到的吗？

把冰箱里的果汁喝掉，虽然看似简单，其实还是经过了十分复杂的信息处理过程，才得到的结果。

"口渴"的状况，"冰箱里有果汁"的记忆，前往冰箱的可能性，喝掉果汁也不可惜的价值判断……诸如此类的信息组合在一起，经过逻辑推理之后，才会出现有意义的现实想法。如果没有进行这样的逻辑推理，也许会得出荒唐的想法，比如"把水和果糖倒在杯子里一口气喝掉"。

是谁在做这些逻辑推理和信息处理呢？当然是"大脑"。几亿个脑细胞分泌化学物质、刺激相邻的脑细胞，逐一执行这样的运算。

那么，是你向这一个个脑细胞下达指令，让它们进行这种运算的吗？或者说，是你为了得到"喝果汁"的运算结果（想法），去控制每个脑细胞的吗？

当然不是。脑细胞不过是遵循物理规律，机械动作而已。至于逻辑推理的结果（想法），自然也是在机械动作下导致的结果。总而言之，我们平时无意识的动作以及思考，全都是身体自发的行动，"我"根本没有"做"那些事。

但我们自己并不这么想。不管什么行动或思考，我们都会认为"是我做的"。而这样的误解，会在人生最重要的时刻引发棘手的问题。

在演讲、面试绝对不能失败的重要场合，即使排练的时候很顺利，正式上场的时候也会突然卡壳。之所以会发生这种情况，正是因为"是我做的"的误解，干扰了我们的行动。

排练的时候，"我"并没有跑出来干扰。反正是排练，失败再多也没关系。所以我们会全权交给身体，让身体自行去做。

但等正式上场的时候就不一样了。正因为绝对不能失败，所以当然不能交给身体自行去做。

那要交给谁来做呢？既然认为"是我做的"，那自然就要交给"我"来做了。

"这一次绝对不能失败，一定要顺利完成。我必须全神贯注，做好这件事……"

这其实是个很奇怪的想法。如上所述，"我"本来就没有参与到这件事当中，甚至连怎么动手指都不知道，那为什么在这种时候，"我"非要出面干涉呢？

这就像是在高中棒球决赛的九局下半，遇到一个绝好的反败为胜的机会。本来只要交给经验丰富的棒球选手去打就能搞定，偏偏有个外行从看台上跑下来大喊"这种关键时刻就交给我吧"，这实在让人头痛。棒球选手必然会说："别碍事！滚回你的看台去！"

这句话，对于"我"也一样适用。身体的动作和思考，就该交给专家（身体或大脑）去做，要比"我"自己来做好得多。就算没有顺利做好，至少也应该把自己拥有的能力完全发挥出来。

恺撒的归恺撒，这是最合适的。

由于"我"是外行人，并不了解行动与思考背后的复杂机制，所以应该交给专家去做，不要干扰它们，安安静静守在一边就好了。

这本来就是"我"的特点。"我"想出手干扰，其实是做不到的。"我"只是纯粹的"观众"，根本无法干扰人生这部电影。然而我们误以为"有个名为我的主体在控制身体的行动和思考"，结果反而导致事情变得混乱。

正因为如此，老子才会说，要放弃学问、放弃区别。他让我们通过破除"我存在、我在做、我在看、我在摸"之类的误解（区分），抵达任由行动和思考自行发生的境地。在这种情况下，"我"就是个袖手旁观的观众，人生也会像是电影一样播放下去。

老子称这种境界叫"无为自然"。

上善若水

老子的话还没说完。他说，抵达无为自然境地的人，会变成像"水"一样。而且老子是这样评价水的：

> 上善若水，水善利万物而不争，处众人之所恶，故几于道。（《老子·第八章》）
>
> 天下莫柔弱于水，而攻坚强者莫之能胜，以其无以易之。（《老子·第七十八章》）

如老子所言，水非常柔弱，但正因为它非常柔弱，所以不管如何坚固的防守，水都能从缝隙中渗透进去，所以没有什么能胜过水。

当然，常识以为刚强的东西一定比柔弱的东西厉害。但老子并不认同，他认为柔弱的东西比刚强的东西厉害。

> 人之生也柔弱，其死也坚强。草木之生也柔脆，其死也枯槁。故坚强者死之徒，柔弱者生之徒。是以兵强则灭，木强则折。强大处下，柔弱处上。（《老子·第七十六章》）

所以老子想说的就是，柔弱最强。

比如，粗壮的树木会被突然刮起的狂风吹倒，但柔弱的小草不会受到影响。成人不小心摔倒会骨折，婴儿从高处跌落也未必会受伤。这是我们从自然学到的智慧。与常识相反，世界上能够存活长久的，往往是柔弱的东西。

抵达"道"这个境界的人，会变得无为自然，成为柔弱如水的人。于是，便因为柔弱到这样的程度，而变得最强。这就是老子的观点。

所以，老子所说的和印度哲学的最高境界一样，同时他也回答了"开悟之后会怎样"的疑问。留下这些文字之后，老子便动身离去了。

庄　子

必杀技：万物齐一

公元前369年前后—公元前286年前后

主要著作：《庄子》

吉田兼好与松尾芭蕉也喜欢读《庄子》。诺贝尔物理学奖得主汤川秀树说，庄子对他的影响很大。

境界出自语言

"抵达开悟境地的人会怎么样？"

对于这个问题，老子的著作给出了一个答案。

释迦牟尼所说的是如何抵达终极境地（开悟、梵我合一、道），也就是旅程的上半场；而老子说的是抵达开悟境地之后的事，可以说是旅程的下半场。

虽然老子是如此伟大的哲学家，但他没有培养出真正继承自己哲学的弟子，只留下一本书就消失了。所以，按道理来说，老子所领悟的"道"的哲学，应该到他就结束了。

但是，在距离老子的时代大约两百年后，出现了一位天才，继承了"道"的哲学。他就是庄子。

老子的后继者

庄子是战国时代的哲学家，也被视为老子的后继者。当然，老子和庄子的时代相去甚远，虽然说是后继者，但两者间并没有什么直接的师徒关系。庄子只是当时的一位"老子的粉丝"（信奉老子哲学的人）。

尽管如此，庄子的哲学还是和老子并称为"老庄思想"。

为什么庄子受到这样的重视呢？

一言以蔽之，因为庄子所写的道家哲学，要比老子的易懂。所以初学者要学习老子的哲学，应该先从庄子学起。

为什么庄子写的内容比老子好懂呢？简单来说，这是因为两个人的动机有着根本差异："老子不想写，而庄子很想写。"

老子本来并不想用文字表达自己的哲学，所以从一开始就不想写。他是在他人的一再恳求下，迫不得已才写的。所以老子的著作虽然内容直接，但一点都不好读、不好懂，就像是顶尖数学家在与人诀别的前一晚匆忙写下的论文，只写了最核心的内容。

而庄子和老子不同。庄子很想写作。当然，他并不是要用文字呈现老子的思想，但这并不成问题。庄子是个创作者，写作是他的兴趣。正因为是兴趣，所以写出的内容自然不会很难。就算老子的哲学无法用文字呈现，庄子也会有一种挑战的想法：那我就来试试用文字呈现吧。

事实上，庄子作为一个创作者，非常享受用文字呈现老子哲学的过程。他创作了各种各样的故事和寓言，尝试由此将老子的哲学表现出来。这就是《庄子》一书的内容。不过因为这些内容都是庄子出于个人兴趣写的，自然也就非常自由奔放，颇有天真烂漫的感觉。

总而言之，老子与庄子可以这样对比：

老子——在他人的恳求下勉强写作

VS

庄子——开心愉快地写作

那么，庄子是个什么样的人物呢？

庄子生活的时代大约与孟子相同，那是个学者辈出、百家争鸣的时代。据说庄子并不想和那些哲学家争鸣，只想在乡村里过安贫乐道的生活。但由于他太过著名，众人都说他"无比伟大"，导致楚王花重金请他，然而庄子对此不屑一顾。

庄子有一种叛逆的气质，无论面对什么当权者，都坚持不当官、不逢迎、不理会的原则，过着自由自在的独居生活。在那个众人都盼望获得认同、功成名就的时代，庄子可以说是个特立独行的人。

有一次，庄子认识的一个人得到了秦王的赏识，领了一百辆车返回家乡。他向庄子炫耀，庄子说了这段话讥讽他：

> 秦王有病召医。破痈溃痤者得车一乘，舐痔者得车五乘，所治愈下，得车愈多。子岂治其痔邪？何得车之多也？子行矣！（《庄子·列御寇》）

庄子的意思是："你得了这么多辆车作为奖赏，是不是舐秦王屁眼得来的啊？你这家伙厉害嘛！"

这种话其实有些低俗，也不像圣人会说的话。但话说回来，是否低级、圣人该不该说，都是心底的"挂碍"[1]，而庄子并没有这样的东西。

虽然庄子和释迦牟尼、老子抵达了同样的境地，但他并不是教育家，也不想做思想家。他只是个独自过着创作生活的自由之士。正因为庄子是这样的人，他才超越了释迦牟尼和老子，毫不在乎地说出他们讲不出口的话。

---

1 佛教语。指因迷成障，未能悟脱。

东方哲学的核心

"古人曾经抵达很美好的境界。'无物'是最高的境界，其次是'有物、但没有区分'的境界。接下来是'物与物之间虽然有区分，但不是根据善恶的价值区分'的境界。根据善恶价值进行区分，会导致道受损。"

（古之人，其知有所至矣。恶乎至？有以为未始有物者，至矣、尽矣，不可以加矣。其次以为有物矣，而未始有封也。其次以为有封焉，而未始有是非也。是非之彰也，道之所以亏也。）《庄子·齐物论》

"道原本没有区分，语言原本没有含义。如果想用语言表现道，就会产生区分和秩序。"

（夫道未始有封，言未始有常，为是而有畛也。）
《庄子·齐物论》

这是《庄子》一书中的几个段落。突然看到这些文字，你可能有点摸不着头脑吧。如果从第一页一直读下来，不需要解说应该也能理解其中的意思。庄子在这里所写的内容，正是本书反复强调的东方哲学之核心，也是佛教的精髓所在。

以下尝试抽取重点：

·世界原本没有什么区分，也没有"物"（我们心目中的存在）。这是最高的境界，也就是"道"。

·一旦使用了语言，就会产生区分。

看了这些文字，足以明白庄子对东方哲学的核心的理解有多么正确，以及他的表述方式有多么简洁好懂。相比之下，老子的表述真是令人头大。

以下是老子谈"道"的一段著名文字：

道生一，一生二，二生三，三生万物。（《老子·第四十二章》）

老子本来就没有解释清楚"道"是什么，在这里也是劈头就说"道生一"，但并不解释什么是"一"。真是太过分了。同样的事情，庄子则是这样解释的：

"天地与我共生，万物与我为一。既然已经是一了，就不需要'万物与我为一'了。既然已经说了'为一'，那就需要语言了。于是'一'加上'用于描述一的语言'，就成了二。这样便又出现了'二'这个新概念，于是加起来就成了三。再继续不断加下去，将会无穷无尽，就算再怎么懂得计算，也无法数清。"

（天地与我并生，而万物与我为一。既已为一矣，

且得有言乎？既已谓之一矣，且得无言乎？一与言为二，二与一为三。自此以往，巧历不能得，而况其凡乎？）《庄子·齐物论》

这段话虽然还是有些难懂，但总比老子写的好多了吧。

所谓"道"，简单来说就是梵我合一（万物与我为一）。既然我们已经用语言表达了"万物与我为一"（也就是画出了区分的分隔线），那就会连锁性地产生区分，把世界割裂成无穷多的物体。这正是老子所说的"万物"之真相。

下面也是展现庄子思想的一个著名段落：

"物无非都是'那个'，也无非都是'这个'。即使自己称为'这个'，对方称为'那个'；如果双方立场交换，自己也会称为'那个'，而对方则会称为'这个'。所以'这个'和'那个'的概念，是在对比之下方才成立的。同样，'生与死''可与不可''是与非'的概念也是这样，都是彼此依存而成立的。但圣人可以超越这样的相对关系，直接看到事物的本质。超越'这个''那个'的相对关系，便是'道'的核心。"

（物无非彼，物无非是。自彼则不见，自知则知之。故曰：彼出于是，是亦因彼。彼是，方生之说也。虽然，方生方死，方死方生；方可方不可，方不可方可；因是因非，因非因是。是以圣人不由，而照之于天，亦因是也。是亦彼也，彼亦是也。彼亦一是非，此

亦一是非。果且有彼是乎哉？果且无彼是乎哉？彼是莫
得其偶，谓之道枢。）《庄子·齐物论》

"这个与那个""生与死""是与非"，这些概念原本并不
存在，只是人基于自身的需要（价值观）找出的对比关系，结
果变得好像当真存在这些概念一样。打个比方说，食盐（氯化
钠）溶化在水里，会分解成钠离子和氯离子，这可以看成食盐的
"死"，却也可以看作离子的"生"。具体如何看待，取决于立
场或价值观。

"生死"这样的事情，起初并不存在。只有出现了对食盐变
成离子感兴趣的人，才会出现"（食盐的）生死"。因此，即使
食盐分解成两种离子，食盐还是有可能"不死"的，因为"生与
死"其实并没有真正存在于这个世界。

这种思想，显然类似于龙树的"空的哲学"。

寓言

庄子就是这样把东方哲学的精髓直白地讲述出来，而且通俗
易懂。不过，这一点似乎知道的人不多。众人所熟知的庄子，是
一个会写寓言故事的人，比如"朝三暮四""庄周梦蝶"等。这
些寓言故事大部分都成为人们耳熟能详的成语或者谚语，其含义

也早已固定下来，因为庄子实质上是一位东方哲学家，所以这里还是尝试从东方哲学的角度重新解读这些故事，探索其中不同的意蕴。

先来看"朝三暮四"：

"有个养猴子的人对群猴说，每天早上给三个橡子，晚上给四个橡子。群猴都很生气。于是养猴人说，好吧好吧，那么早上给四个芋头，晚上给三个芋头。群猴听了都很开心。"

（狙公赋芋，曰："朝三而暮四。"众狙皆怒。曰："然则朝四而暮三。"众狙皆悦。）《庄子·齐物论》

早上三个、晚上四个，和早上四个、晚上三个，加起来都是一天七个。但群猴并不明白，前者生气，后者开心。这个寓言故事说的就是这样一种滑稽的情况，并且产生了"朝三暮四"这个成语。但这个成语并没有真正表达出寓言故事的意图。这个寓言应该从东方哲学的角度加以解读。

世界本来就是"一"，不需要刻意去说"这是一"。但人们自行画出分隔线，指着区分出来的部分感叹说"啊，好少"，又开心地说"啊，真多"。实际上，不管画出什么样的分隔线，世界都是不会改变的。没有减少，也没有增多。但人会因为减少和增多、死亡与新生而大惊小怪。那些分隔线其实都是自行画出来的。从本质上说，大惊小怪都是自导自演而已。

所以，这篇寓言并不仅仅是在取笑猴子只注意到眼前的不同，而是在展现人类的特性：在原本是一、没有区分的世界里画出分隔线，为此忽而欣喜，忽而悲伤。

最后，让我们用"庄周梦蝶"的故事，结束这番介绍。

"庄子曾梦见自己变成翩翩起舞的蝴蝶，忘了自己是庄子。猛然醒来之后，他又发现自己其实是庄子。究竟是庄子在梦中化为蝴蝶，还是蝴蝶在梦中化为庄子了呢？"

（昔者庄周梦为胡蝶，栩栩然胡蝶也。自喻适志与，不知周也。俄然觉，则蘧蘧然周也。不知周之梦为胡蝶与？胡蝶之梦为周与？）《庄子·齐物论》

《庄子》中最为著名的寓言故事，就是这篇"庄周梦蝶"。

这个故事说的是，庄子从化为蝴蝶的梦中醒来，不禁怀疑，到底是自己做了一个庄子变成蝴蝶的梦，还是蝴蝶做了一个变成庄子的梦。当然，这并不是说庄子真的糊涂到分不清了。他想表达的是："看，这个问题没人能回答。我们没有任何办法能够知晓自己所生活的这个世界到底是不是现实。所以对于这个问题，我们既不能回答说'我是庄子'，也不能回答说'我是蝴蝶'。"

于是，许多解读庄子的著作，都会得出下面这样的结论，作为这个寓言的寓意：

"正因为无法区分什么才是现实，所以不必拘泥到底是庄子还是蝴蝶这种表面的问题。"

或者是：

"无论哪种是现实，总之正在提出这个问题的'我'才是真实的。"

笔者对于这样的解释没有异议。它们基本上都是对的。

不过，这个寓言还有后续，它的最后一句话是这样的：

"庄子与蝴蝶必然有区别。这叫作'物化'。"

（周与胡蝶，则必有分矣。此之谓物化。）《庄子·齐物论》

这里出现的"物化"一词，有些难以理解。它原本是"事物变化"的意思，用于表示"事物变化后的状况""物体的生成消灭"等。但这种解释也同样让人无法理解。事实上，许多人对最后这一句话都有不同的解释。有的书还会直接跳过这一句。

本书将庄子视为"东方哲学家中最会表现的人物"，并且将他的寓言视为展现东方哲学核心的精巧故事。所以接下来，就以东方哲学的脉络来解读这篇故事。

首先，故事前半段说的是，"无法判断我是庄子还是蝴蝶"，也就是说，"无法区分出庄子和蝴蝶的本质区别"。然而在日常生活中，我们以为可以区分。这种行为，即"把本来没有区分的东西当成有区分"，正是催生出我们所以为的物质世界（所谓物质的生成消灭与显现的现象世界）的根源所在。

庄子要说的，应该就是这个意思。

庄子的著作，也许在解释上会有细节出入，但整体而言都能看到东方哲学的传统关键词，比如"境界、区分、语言、无物"等散布各处。所以毫无疑问，他写《庄子》一书，也是想表达东方哲学的内涵。因此，书中的各个寓言故事，应该也可以看作以通俗易懂的方式表达东方哲学的内涵。

东方哲学精妙难懂，所以庄子提取出它的核心，除了用好懂的方式加以解说，还辅以简短的寓言故事。正因为如此，他才能和老子并称，名垂青史。

以上就是对庄子的介绍。

在中国横空出世的伟大东方哲学家老子，以及继承他哲学的创作者庄子，留下的思想并称为老庄思想，给中国的学者带来莫大的影响。释迦牟尼的哲学从印度传入中国的时候，学习过老庄思想的学者，从自身的学识出发解读释迦牟尼的艰深哲学，很快便发现两者的脉络是相通的。

这些学者显然大为震撼。为什么遥远异国的哲学，会与老庄思想如此相似？

无论如何，释迦牟尼的哲学，经过老庄思想的解读之后，便形成了中国的佛教与禅宗等新的宗派。

那是将耶若婆佉、释迦牟尼、龙树、老子、庄子等东方的伟大哲学家全部融合在一起而诞生的终极东方哲学。那是东方哲学的最终形态！

然而在各种因素的作用下，这个奇迹般东方哲学最终还是在中国消失了。

那些伟大的东方哲学家的哲学，从此掩埋在历史中了吗?

不，他们的伟大哲学并没有式微，而是飞出了中国，远渡重洋，寻找能够理解自己的人。

往东去!

何谓东方哲学？(3)

——东方哲学是"谎言"

只要没有"原来如此！"的亲身体验，就不算真正理解东方哲学。东方哲学就是要通过体验去理解。

但是，这样的方式也让东方哲学具有一个致命的问题，那就是：所谓体验，本质上是不可能传达给他人的。

"21世纪伟大的哲学家"江头2:50[1]曾经说过这样的话：

"如何向一出生就失明的人描述天空的蓝色呢？连这么简单的事情都无法用语言表达，所以我会加倍努力。"

江头2:50的这番话，正好代表了东方哲学家的想法。

各位不妨想象一下。如果有个人一出生就生活在只有黑白两色的房间里，从没有看到过"红色"，那要如何向他解释我们所看到的"红色"呢？

不管我们怎么形容、怎么比喻——红色"就像夕阳的颜色"，或者"像燃烧的火焰"——也不会有任何用处。我们能告

1　日本搞笑艺人，特点是上身赤裸，下身穿黑色紧身裤，时常摆出怪异的姿势。

诉他的只有语言，无法传达体验。

所以，无论使用再多的语言，都无法表现出意识中的"体验"。换句话说，"红色""疼痛""甜蜜"之类的体验，无法用语言说明，也无法传达给他人。

顺便说一句，即使对方有过"红色"的体验，其实也无法传达。你也许可以和他说，"红色就是那样那样的颜色"，他回答说"没错"，两个人之间看似可以交流，好像能够传达"红色"的体验，实际上你们所传达的并不是真正的体验。也许对方心中所想到的是你认为的"蓝色"，只是他把那种"蓝色"当成你所说的"红色"而已，而你也无从知晓他说的到底是什么颜色。只要体验无法用语言表达，那么从本质上说，你就不可能了解对方到底有着什么样的体验。

无法传达的问题

这种"无法传达体验"的困难，同样适用于东方哲学。东方哲学中的理解和真理，都必须伴随真实的体验，"啊，原来如此，我明白了！"正因为"啊，原来如此，我明白了！"也是一种"体验"，所以和"红色"一样，都存在着无法传达的问题。

而西方哲学就没有这个问题。因为西方哲学不是以体验为基础，而是以"逻辑"为基础的。

逻辑的前提是传达。不存在"无法传达给他人"为前提的逻辑。因此，以逻辑为基础的西方哲学，当然就是以能够（用语言）传达为前提的体系。

所以，当你对西方哲学家说，"我理解真理了"，对方肯定会这样回答：

"很好。那么请你来说明一下吧。如果你理解了，应该可以做出说明。"

这是十分正常的要求吧。但东方哲学家不是这样。他们会回答说："不，不可能！"

东方哲学家眼中的"真理"，是和"红色""疼痛"一样的"体验"，是绝对无法用语言表达的。所以，完全不能要求用语言或者逻辑加以说明。

这就是东方哲学令人困扰的地方。

本书一开始就曾说过，"东方哲学是在抵达真理的境界之后才开始的"。即使你询问东方哲学家，"请说明一下，你找到的真理是什么吧"，他也不会正面回答你，而只会说，"不，那是无法用语言说明的，只能以感觉加以理解"。

即使他愿意回答你，也只会使用诸如"开悟""道"之类晦涩难解、模棱两可的词。说到底，他不会使用你能理解的逻辑加以解释，而只会说，释迦牟尼和老子有多么伟大、多么正确。

不过这也是无可奈何的结果。

无论如何不满意，无法解释的东西就是无法解释。

东方哲学是无法传达的体系，我们只能接受这个现实。

话是这么说，但是这里有个问题：到目前为止，我们曾经多次悲观地说，东方哲学无法说明，无法传达，实际上，东方哲学不是依然传承至今吗？如果真的无法传达，那么东方哲学应该在释迦牟尼或者老子等第一代开山祖师之后，就淹没在历史中了，不可能还流传到现在啊。现实情况是东方哲学依然流传至今。

那么东方哲学家是怎么把他们的哲学流传下来的呢？他们是怎样把不可能转化为可能的呢？

这就像是江头2:50所说的："所以我要加倍努力。"

是的，只能加倍努力，如果说，无法用"条理分明的逻辑"来传达，那么只能全力以赴，去做一些超出常规的事情，以此来传达。

有的人可能会突然大喝一声，希望通过这种方式传达，有的人可能会伸出一根手指，突然说"就是这个"，试图用这种奇怪的手势传达。

很显然，就算做这些奇怪的事情，也很难传达出自己的体验。但或多或少，总比"通过逻辑说明"要好一些吧。东方哲学家的努力，就寄托在这三十万分之一左右的、"或多或少要好一些"的可能性上。而且，由于他们面对的是这样一场绝望的战争，追求的是化不可能为可能的胜利，所以东方哲学家也只能不择手段了。

只要能赢（达到目标），哪怕是世人认为的坏事，他们也会毫不犹豫地去做。换句话说，包括释迦牟尼在内的东方哲学家，很多时候其实都在"说谎"。或者更准确地说，他们是迫不得已地"说谎"。

试想，除了说谎之外，他们还能有什么办法呢？

不妨把真理换成红色的体验想象一下。

比如有一个女孩，生活在一个只有黑白两色物品的房间里，从来没有踏出过房门。她的房间里只有黑白两色，所以她从来没有看到红色的体验。

有一天，她看到书上说，除了黑白两色之外，还有一种叫"红"的颜色。

"红色"是什么呢？据说有人看过，但那到底是什么样的颜色呢？

她对自己从未体验过的红色产生了兴趣。

这时候你来到她的房间。你是接触过外面世界的人，所以她请教你：

"你能不能告诉我，红色是什么呢？"

"啊，这个要怎么解释……"

"怎么了？你不是说，你知道什么是红色吗？快告诉我吧，不要再吊我的胃口了，你既然知道红色，就应该知道怎么跟我解释呀。"

然而这是不可能的。不管怎么描述，你终究没有办法传达出，看到红色是一种什么样的体验。

她失望地看着没办法回答的你，不再向你提问，而是去找书看，学习一些与红色有关的知识。比如，"玫瑰是红色的""当光的频率处在这个范围时，我们就称之为红色光""这样的光落在视网膜里，产生的刺激传到大脑中，我们就会感知到红色"，诸如此类。她努力学习各种与红色有关的知识，最后成为一名出色的红色专家，甚至可以邀请人们到她的房间来，讲解红色是什么。

"红这种颜色呢，就是这样的……"

面对大批听众，她条理清晰地讲解红色的定义、红色的特性。她自己也觉得：

"我花了无数的时间和精力去了解什么是红色。虽然我还是不知道看到红色是一种什么样的体验，但至少我认为，自己要比来听我演讲的这些无知之辈，掌握更多关于红色的知识。毫无疑问，我比他们更理解红色，而且我还要学习更多关于红色的知识。"

然而她完全搞错了。她以为只要坚持不懈地学习，总有一天就会突然理解："啊，原来如此，所谓红色就是这样！"但是你很清楚，无论她学习了多少有关红色的知识，她还是不可能产生看到红色的体验。

说到底，不管她能把红色讲解得多么清楚，只要她从没有真正看到过红色，体验到"啊，原来这就是红色"，那么她就完全不懂所谓红色到底是怎么一回事。从这个角度来说，她和那些同样没看过红色，并且不具备任何有关红色知识的人，并没有什么不同。她并没有比那些人更加理解红色。

甚至从某种意义上说，她其实离红色更远。

不具备红色相关知识的人，和那些认为自己不懂红色的人，还是有可能体验到红色的。如果我们对这样的人说："走出这个黑白的房间，到外面看看吧。"他们应该会赞同说："好的，虽然我不懂，但我愿意试试看。"于是他们很容易就能得到红色的体验。

但是那些认为自己懂得红色的人，觉得了解红色的知识非常重要的人，他们有可能不愿意去亲身体验，如果我们对这种人说，去外面看看就可以了，他们恐怕也不会照做的。

实际上，你曾和那个女孩说过很多次体验红色的方法。

"这个嘛，我看过那些书，就是号称自己看到过红色的人写的书，书里确实写过'请到外面看看'这类的话，所以我现在正在研究，外面和红色之间有什么样的关联性。比如在两百年前的这份文献里，对于外面和红色之间的关系是这样写的。你是怎么想的？我认为红色这种现象本身是……"

她说了这番话，但最终还是坐在原地，并没有起身到外面去看一看——这就是拥有知识的坏处。她以为任何事情都只能通过语言或者逻辑去理解，以为学习知识是理解事情的唯一途径，所以最终她只是坐在原地，不断学习，不断思考。

那么，你该怎么办呢？

她已经决定，要用一生去研究红色这种未知的体验。为了这个目标，她甚至抛弃了家人和朋友，把只有一次的宝贵人生，全都用来了解所谓的红色到底是什么。

然而十年过去了，她得到的只是毫无意义的骄傲，她以为"关于红色的知识，我比任何人都更加了解"，但是在她心里还是压着一个沉重的事实："可我还是不知道，红色到底是什么？"即使再过十年，这一点恐怕也不会有任何改变。毫无疑问，她还是会继续坐在原地，继续在错误的方向上，空耗她的人生。

但是，如果——

如果你真的为她着想，真的想要设法帮她完成这个心愿，那么你唯一能做的就是大声叫喊：

"啊，着火啦！"

很显然，这是一个谎言，因为根本没有着火。

但就是这个谎言，迫使她站起身，打开门，从那个黑白的房间跑出去。

就在跑出房间的一刹那，她的意识中出现了从未有过的未知体验。那是她多年以来一直梦寐以求的体验。对红色的知识无比了解的她，激动地颤抖起来，喃喃自语：

"啊，原来红色是这样的……"

"没错，就是这样，玛丽。"

方便

　　儿童文学作家宫泽贤治非常推崇《法华经》（《妙法莲华经》）。在《法华经》中，有这样一则故事。

　　有一天，父亲回家的时候，发现自己家着火了。家里还有年幼的孩子，所以他惊慌地大叫：

　　"着火啦，你们赶快出来！"

　　但是孩子正玩得不亦乐乎，根本不想离开，他们只是从二楼的窗口探出头来，对着外面的父亲说：

　　"爸爸你回来了，我们正在玩儿呢，等一下再出去。"

　　"对的，我们再玩一会儿就出去。"

　　"哥哥，着火是什么意思呀？"

　　父亲急得面无血色，该怎么办呢？再这么磨蹭下去，火就会吞没整个房子，到时候想跑也跑不出来了。现在也没时间向孩子解释，着火有多可怕。他的脑海中闪现出孩子们身陷火海、大声惨叫的画面。太可怕了！无论如何也不能发生这样的事。

　　父亲急中生智，对孩子们大声喊道：

　　"我这里有更好玩的玩具，是爸爸刚买的，快，到我这来一起玩儿吧。"

　　"哎，真的吗？"

　　"玩具在哪儿？我要玩儿！"

　　"哥哥，等等我！"

听到父亲的叫喊，孩子们飞快地跑出家门，就在他们跑出来的一刹那，大火吞没了整个房子，他们的家倒掉了。

父亲紧紧抱住平安跑出来的孩子们，哭着说：

"对不起，对不起，我是骗你们的。"

这就是佛教史上最美的经典《法华经》中所记载的"法华七喻"的七个故事之一。 在《法华经》中，释迦牟尼讲完这个故事以后，向弟子舍利子提出了一个问题。

"舍利子啊，这位父亲说谎了吗？"

舍利子回答说："不，没有，这是一种方便（为了实现目标而采取的权宜之计）。"

重要的是"结果"。实际上，如果父亲明知道孩子身陷危险之中，还是慢悠悠地对他们解释什么是火灾，那么结果将会非常悲惨，不是吗？

所以，这是善意的谎言。

实际上，这正是理解佛教、理解东方哲学的核心词语。

大家是否有过这样的想法？

"释迦牟尼否定咒语之类的神秘事物，也否定崇拜偶像之类的宗教礼仪，但是佛教自己会崇拜佛像，将释迦牟尼当成神一样来崇拜，所以，佛教徒根本没有弄明白释迦牟尼的意思呀。"

其实不是的，佛教徒并不是笨蛋。就连粗略看过佛教入门书的外行人，应该也很清楚这个道理。实际上，所有这些事情，都只是为了招徕大众信教，所采用的方便（谎言）而已。

——如果不这么说，你们怎么会来信教呢？

"人生皆苦，早晚难逃一死。但是有这样一个开悟的世界，只要崇拜佛像，诚心念佛，就能从一切的苦难中解脱，这是伟大的释迦牟尼所说的，当然是没错的。"

这些说法都是方便，也是佛教徒们的大声喊叫："这里有更好玩的玩具！"

在这一点上，西方哲学和东方哲学之间也有很大的差异。

西方哲学家认为逻辑和知识非常有用，所以他们的目标是建立庞大而严密的逻辑体系。

但是，东方哲学家并不认为逻辑和知识那么有用。因为对于东方哲学而言，所谓真理，是一种只能通过体验才能获得的东西，也就是，"啊，原来如此，我懂了"，而且体验没办法用语言来描述和传达。所以东方哲学不在乎逻辑体系，只在乎如何才能达到与释迦牟尼一样的开悟境地，于是发展出一套专注于这一方面的体系。因此，东方哲学逐渐发展成为"引发开悟体验的方法论（方便）体系"。

东方哲学向来如此，他们的目的是要和释迦牟尼达到相同的体验。只要能引发那样的体验，不管是逻辑也好、证据也好，全都无关紧要。哪怕是谎言，只要有效，都可以拿出来用。因为他们面对的就是这样一场令人绝望的战争，如果没有这样的决心和气魄，根本不可能打赢这场战争。

事实上，在几千年的时间里，东方哲学家一直都在奋力不断地开发谎言（方便）。

"戒律"也是方便

比如禁欲的戒律，在东方就是一种谎言（方便）。

仅仅按照戒律的要求去做，最后并不能达到多么了不起的境界，只不过是忍耐肉体上的欲望而已，这又能怎么样呢？再怎么禁欲，也不会发生多么了不起的事，诸如"不可以吃肉""不可以结婚"之类的戒律，其实并没有什么意义，可以说都是骗人用的。

那么，为什么会存在戒律呢？

这是为了让人清楚地意识到"欲望"的存在。就像为了看清楚影子，最好准备一面白墙。"不可以做某事"的白墙（戒律），可以投射出"想要做某事"的影子（欲望）。所以说，戒律的存在并不是用来消除欲望，而是用来让我们意识到欲望的存在。

正因为戒律存在的意义是这样的，所以，只要能达到这个目的，戒律本身的内容，其实无关紧要。

比如，完全可以制定这样一条戒律："不可以吃豆类，尤其不能吃花生。"显然，这条戒律毫无意义，十分荒诞，但它依然有它的用处。

某一天，一位伟大的东方哲学家召集他的弟子，如此吩咐：

"从今往后你们不能再吃豆类，尤其是花生。那是妖魔的果实，吃了以后，你们的灵魂会受到污染，灵性将会降低，距离开悟的境地越来越远。明白了吗？花生是不洁之物，这条戒律你们一定要严格遵守。"

为什么不能吃花生呢？弟子心中一定会产生这样的疑问，但既然是伟大的老师所说的，当然不会有错。吃了花生，肯定会损伤灵性。虽然自己一直都不知道这件事，但现在知道了，那就不能再吃了。弟子对老师的话深信不疑，便暗下决心要认真遵守这条戒律。

不就是不吃花生嘛，花生这种东西，又不是非吃不可的，说真的，这条戒律根本没什么影响。

弟子满心以为，要遵守这项戒律非常容易。

事实上并没有那么容易。人这种动物，一旦遇到不得做某事的规定，不管那件事是什么，都会觉得它会有无法抵抗的吸引力。

"哎呀，花生……"

自从公布这条戒律之后，弟子看到佛像头上那一粒一粒的螺发，就会情不自禁地联想到花生。

"哎呀糟糕，在佛祖面前，我究竟在想什么呀？"

弟子猛烈摇晃脑袋，想把花生的念头赶走。然而这个念头一旦浮现出来，越是驱赶它，它就越是扎根在脑海里。于是在弟子看来，那个佛像，就像头上顶着无数花生一样。

不管是花生，还是别的什么东西，越是否定它，越想把它赶出脑海，越会产生相反的效果，越会让它在你的脑海中留下深刻的印象。

——不行不行，不能一边念经，一边想花生，不能想花生，绝对不能想花生。

这样的否定方法，只会加深对花生的影响，让花生的念头更容易浮现出来。也正因为这样，自我反省或者自我厌恶的机会也随之增加了，否定的力量也会日益增强。然而否定的力量越强，印象也就会越深……这是一种恶性循环。到最后，花生占据了弟子的脑海，甚至连做梦都会想到它。

——这到底是怎么回事呢？花生这个东西，以前根本连想都不会去想，但是老师说过绝对不能吃之后，反而变得随时随地都会想起。

弟子对花生的欲望，已经膨胀得无比庞大，甚至开始让自己心神错乱。

"啊，不，我没有吃，我没有吃下去，我只是含在嘴里。"

"有没有办法能用眼睛吃花生呢？"

受到压抑、无从消解的欲望，逐渐变得扭曲。等到回过神来的时候，事态已经发展到不可救药的地步，戒律的毒已经侵蚀了弟子的心，让弟子成为无可救药的疯子。

这恰恰就是老师的目的。所谓戒律（禁欲），就是为了折磨弟子而存在的。一切尽在掌握。老师感觉到弟子的痛苦已经达到巅峰，于是他再度召集弟子，突然宣布，撤去戒律。

"花生祭开始了！"

一直奋力坚持、忍耐欲望的弟子，顿时昏了过去。

唯有一个人意识到，过去的自己有多愚蠢。

"这——只——是——花——生——而——已。"

他领悟到了终极的真理。

那么到底该怎么做呢？不是拼命吃花生，也不是忍耐不吃花生，更不是适可而止地吃花生。其实从一开始，吃不吃花生，根本就不是问题。真正的问题在于，是自己内心的想法，赋予了花生"价值"。

说到底，创造出这种价值的，正是自己。而由于这种价值遭受痛苦的，也是自己。这就像是自己设下障碍，自己撞到了它，又哭喊着大叫"好痛"一样。完全是自作自受。在旁观者看来，这是非常荒谬的。

然而这样的荒谬事件，正是花生戒律以及这世上所有不幸的根源和本质。

那位弟子在强烈的体验下，领悟到了这一点。他也猛然意识到，老师所设下的戒律，只是为了让大家体验到这种荒谬的方法论（方便）而已。

他当场跪下，泪流满面，向老师表示感谢。

然而其他的弟子都摸不着头脑。他们看到的是微笑着正在吃花生的老师，以及哭着感谢老师的弟子。这到底是怎么一回事呢？由于其他的弟子只是把戒律当成单纯的宗教禁忌，所以他们看到这一幕，完全无法理解。

"这到底是怎么一回事？"

弟子们聚集在老师身边，请求老师给一个大家能理解的解释，但是老师并不会解释。因为如果他做了解释，就会对后来的老师造成困扰，让他们没办法再使用这样的方便（戒律）。实际上，如果一开始老师就告诉弟子们"戒律的目的其实是这样"，那么大概也就没有人会认真接受那样的方便了。本来即使使用了这样的方便，也只会有万分之一的机会能让弟子在"啊，原来如此！"的强烈体验下悟出真理。而现在连这样的机会都会被抹杀，所以解释未必会带来好的结果。东方哲学的大师正因为深知这一点，所以他什么也不会解释。

但是不解释也没关系，因为极少数的几个开悟的弟子，已经充分理解了老师的真意，今后他们也将成为后来者的老师，继续通过方便来传达真理，继续面对这一场"将无法通过解释传达的东西传达出去"的绝望战争。

当然，到那时候，他们未必需要和自己的老师使用同样的方便（戒律）。或者更准确地说，作为后来者的老师，他们有责任设计出更巧妙、更出色、更合乎时代的方便。正因为如此，没有得到解释就已经理解的弟子们，会以各自的创意，开发出新的传达方式（方便），发展出全新的宗派。

宗派A："你们要念佛。"

宗派B："你们要玩脑筋急转弯。"

宗派C："你们要坐禅。"

等一等，什么叫脑筋急转弯？师祖可从来没有说过这样的话！

发展到这个程度，一般人大概都会放弃理解吧。其实每个宗派都一样，他们所说的内容，已经和师祖相去甚远了。东方哲学的团体，包括佛教在内，都会随着时间的流逝，杂乱无章、永无休止地分裂下去。

不过这样也没有关系，其实宗派之间的细微差别并没有太大影响，这么多的宗教宗派，说到底，只不过是用了不同类型的方便而已。

而且方便本身其实并不重要，重要的是通过方便得到的体验，也就是说，重要的是爬到房顶上看到的景色，至于该从哪架梯子爬到房顶上，其实都无所谓。

有人喜欢红色的梯子，有人喜欢蓝色的梯子，人们的喜好各不相同，所以东方哲学会尽可能多准备几种梯子。

于是乎，梯子的数量越来越多，最后变得数不胜数，以至于许多人在看到这么多的梯子后不禁感到无所适从。

但是完全没必要就此止步不前，因为不管哪种梯子，目的都是为了帮助你爬上房顶看景色（获得与师祖一样的体验），所以选择哪个都行。

尽管是这个道理，但提供梯子的人不会这样说。因为如果坦白说出来，那么可能就会有人觉得，"既然如此，那我多看看，慢慢挑吧"，结果一辈子都花在挑梯子上，一步都没有爬上去。又或者可能爬到一半忽然觉得，我想试试其他的梯子，于是又爬下去了，然后另一个梯子也是爬到一半又不爬了。这样都是不行的，不去认真爬，就无法达到足够的高度，更没办法看到风景。所以各个宗派不得不这么说：

"我的宗派才是正确的选择，其他都是假的。"

"我的梯子最好！这本那本经典，都是这么写的。"

当然，他们内心其实并不是真的这么想。只有初级成员，或者是尚在修行中的弟子，才会真心实意地宣称自己这个宗派的梯子才是最好的。但是宗派内部那些真正理解东方哲学的大师级人物，根本不在乎这些事。对他们而言，只要能让人产生体验就可以了，他们很清楚，这才是真正的目的。

方便的体系

最后让我们来总结一下。

善意的谎言（将谎言视为方便），就是东方哲学的本质。

因为东方哲学具有"无法通过解释传达"的致命问题，所以只能不择手段，使用谎言（方便）这种禁忌的方法。

既然是谎言，那么从现在的理性角度去看，当然会发现其中存在矛盾、缺乏逻辑、迷信愚昧、不够科学等问题。

但是这样的谎言毕竟是有效的，它们能让人生产生天翻地覆的变化。

所以不要被东方哲学中那么多的谎言所迷惑，以为那是迷信，是不科学的，更不要因此就蔑视它。

那些都是历经两千五百多年，千锤百炼、精心设计之下的方法论。它们既是用来引发"体验性理解"的人类遗产，也是基于工具主义（instrumentalism）的伟大哲学体系。

第三章

日本哲学
禅的真理

Truths of ZEN

圣德太子—德川幕府

日本的佛教，据说始于公元500年左右，位于朝鲜半岛的百济国国王，向日本赠送了佛像与经典。但是，佛教的传入在日本引发了这样的混乱：

钦明天皇（当时的天皇）："佛教这种异国宗教传进来了，我们该怎么办？"

苏我氏："各国都信奉佛教，我们不信也不太好吧。"

物部氏："不不，崇拜他国的神，会让我国的神明愤怒！"

本来，苏我氏和物部氏共同执掌日本的朝政，关系融洽，但在对佛教的态度上产生了对立。由于佛教的传入，这两大贵族彼此怨恨，最终发展成导致日本分裂的内乱。这场丑陋的权力斗争一直延续到下一代，双方不断互相残杀，最终以苏我氏消灭了物部氏而告终。也就是说，致力于"推动佛教"的一派大获全胜。

内乱期间，圣德太子支持苏我氏，后来也成为努力推动佛教发展的人物。顺便说一下，他是皇太子，也是苏我氏的亲戚。圣德太子醉心于佛教，后来还制定了著名的《十七条宪法》，加入了"笃敬三宝"（崇敬佛、法、僧）的条款。佛教之所以能在日本迅速生根，可以说，就是因为当时摄政（相当于今天的首相）的圣德太子强烈支持乃至列入"宪法"的缘故。

圣德太子与佛教

圣德太子为什么要如此坚决地把佛教引入日本呢？他是和苏我氏的想法一样，出于外交目的才这样做的吗？

不，根据《日本书纪》的记载，圣德太子精通佛学，还能宣讲《法华经》。说不定他很早就知道，佛教是一套值得学习的精深哲学体系。顺便说一句，圣德太子还从海外找来僧人，给他单独授课，讲解佛教的精髓。从他留下的遗言中，就能看出他对佛教的理解有多么深刻：

世间虚假，唯佛是真。

"世间虚假"就是说，我们眼中的世界，只是"通过区分才产生形体"的虚像。显然这种想法与佛教的基本思想"色即是空"相通。

"唯佛是真"承接上一句，指的是唯有佛是真实的。不过，这里的"佛"指的是什么呢？由于"佛陀"表示觉醒的人，所以

241

这里所谓的"佛"，就表示"觉醒"的意思。而佛教中的觉醒，当然也就是开悟，开悟则表示"从区分所形成的虚像世界中醒来，找回无分别的智慧，体验梵我合一的真理"。

也就是说，"佛"表示"打破虚像，留下智慧本身"，或是"抵达那种智慧的状态"。而"唯佛是真"则意味着"世界是虚像，唯有觉醒不是虚像"。顺便说一句，"佛像"就是抵达觉醒境界的人类形象，象征着人类也有那样觉醒的可能性。因此佛像既是希望，也是救赎，同时也是对人类自身的肯定。

这就是圣德太子遗言的含义。一眼看上去，他的遗言似乎只显示了盲目的信仰之心（世界上唯一真实的只有佛），其实它准确表达出了佛教的精髓。能把整个精髓浓缩为短短八个字，不是一般人能够做到的，可见圣德太子的资质之高，以及他对佛教的理解之深。

东方哲学在日本始于何时呢？

这个问题的答案，既不是佛像与经典传入日本的时候，也不是苏我氏消灭物部氏的时候。日本的东方哲学史，始于圣德太子这位日本代表性的天才智者理解了佛教精髓的那一刹那。

后来到了奈良时代，佛教更是完全融入了日本，各地纷纷建立起寺庙（国分寺），也开始新建巨大的佛像（比如奈良大佛）。在那个时期，寺庙是由国家出资建设，僧人也是奉国家的命令开展研究。换句话说，当时的僧人属于国家公务员的性质。

最澄与空海

再后来的平安时代，佛教出现了两位天才：最澄与空海。

这两位历尽千辛万苦前往中国，学习了正宗的佛教思想，回到日本。两个人各自建立了新的佛教宗派。不过，为了躲避国家权力的控制，他们特意选择在远离京城的深山中建立寺庙。

> 最澄：日本天台宗（比叡山延历寺）
>
> 空海：日本真言宗（高野山金刚峰寺）

到了镰仓时代，佛教又掀起一股革命的狂潮。

之前空海从中国带回来的佛教，被称为密宗，有许多咒术密法的成分。所谓"咒术密法的成分"，就是通过神秘力量获取利益，因此在贵族之间很受欢迎。为了寻求神秘力量的保佑，贵族们蜂拥投奔空海，纷纷带了贵重的礼物去拜见他。

看到这样的情况，最澄的宗派十分不满和嫉妒，因此也积极引进密宗（咒术成分）。但这样的发展也导致了日本佛教的世俗化，换句话说，由于加入了过多的咒术成分，佛教本身的哲学思想就失去了根基。僧人也逐渐演变成受贵族欢迎的咒术师，不再重视哲学的钻研。

改革派与保守派

"不能再坐视佛教堕落下去了！"

于是佛教里出现了带有这种想法的人。就像历史上常见的一样，这些人又分成改革派和保守派两种。

改革派就是彻底看不惯现有的组织体系，希望成立全新的组织。他们希望通过新组织来帮助"面临苦恼的个体"，而不是为国家或者贵族等上流人士服务。

保守派希望回归释迦牟尼的哲学，也就是回到佛教的原点，他们想要再次前往中国，重新学习释迦牟尼的哲学，再来改建组织。

改革派（新兴宗教派）以法然、亲鸾为代表，保守派（回归原点派）以荣西、道元为代表。

保守派把"禅"这种佛教哲学的精华概念引进日本，成功地重振了日本佛教；而改革派是以"建立拯救民众的佛教"为目标，继承大乘佛教的志向，也确实拯救了许多民众。

保守派（回归原点派）只是以探究佛教哲学为主，不至于和政权产生什么摩擦；但改革派（新兴宗教派）的目标是拯救民众，所以经常与国家权力发生对立。

比如"一向一揆"运动。一向宗（亲鸾建立的净土真宗的别名）的信徒为了保护民众不受战乱侵害，宣布成立佛法领（依佛教治理的宗教国家）。他们在全国各地不断掀起武装暴动，进行恐怖袭击，尽管遭到当权者织田信长的镇压，但仍有不惧死亡的数十万信徒前仆后继，让各地诸侯闻风丧胆。他们相信，即使死亡，也可以在极乐净土重生。"一向一揆"的战果累累，多次攻破城池，斩杀诸侯。

最终改革派引发的这一连串事件，使得当权者深刻认识到佛教这种宗教组织的力量以及失控时的可怕。

然后到了江户时代，德川幕府取得天下，终结战乱。为了防止佛教再次失控，德川幕府很快制定了如下法律：

1）禁止传教或者设立新的宗派。

2）每个日本人都必须隶属某一家寺庙（寺请制）。

德川幕府的做法非常聪明。第一条可以严格限制宗教的活动，但第二条又给了佛教利益。两者之间取得平衡，也就是把好事和坏事绑在一起："（因为会惹麻烦，所以）请不要再传教或者设立新的宗派了，不过，我们会让所有的日本人都皈依佛教，隶属于某一家寺庙。"

作为掌权者，固然可以直接镇压，但宗教组织的特性本来就是越遭到镇压，越会蓬勃生长，镇压实在是得不偿失。

而德川幕府的这一套法律，除了实现对宗教的管控，"防止颠覆社会的新型佛教抬头"，还带来了两个额外的好处：

其一，防止外来宗教的入侵。德川幕府本来就无意消灭佛教，因为如果佛教在日本消失，那么天主教等西方宗教将会取而代之。那样的话，西方各国就会以宗教为借口干涉日本。执掌朝政的德川幕府，当然不想看到这样的情况。所以不如就把日本已有的佛教当成国教，强迫所有日本人皈依。这是阻止外来宗教入侵最有效的方法。

其二，能够委托寺庙管理户籍。由于每个日本人都必须隶属于某一家寺庙，成为它的檀家（隶属于寺庙的施主），所以寺庙当然需要管理民众的个人信息，比如说，"住在某处的某一家人，是我们寺庙的施主"。从现在的角度来看，这就相当于户籍管理。也就是说，幕府把原本应该由政府机构处理的工作，转给了寺庙来做。

事实上，当时的人们在旅行或者搬家的时候，不是找政府机构办理，而是要请寺庙发送户籍证明。这也就是说，当时的寺庙扮演着派出所一样的角色。至于相关工作所需要的成本，都是由寺庙为施主家办理婚丧嫁娶等仪式所收取的费用来承担，幕府完全不需要出钱。

正是在这样完备的制度下，德川幕府成功维持了长达两百多年的太平盛世。

不过对于寺庙来说，也不是完全没有好处，佛教既然成了日本的国教，周边的居民就会自动成为施主，寺庙可以不费吹灰之力获得信徒。而且只要多为施主办好婚丧嫁娶的仪式，就不必担心收入来源，也就是说，幕府的法律其实也保障了寺庙的生存。

这同时也表示，佛教的核心被架空了。

寺庙的僧人安心享受舒适的环境，没有遭受镇压的危险，生活也得到了保障，但是他们失去了身为哲学家的精神，开始过上得过且过的日子。不知不觉间，佛教变成了一个只顾着给施主举行婚丧嫁娶等仪式或法事的组织。

于是日本佛教不再努力创造合乎时代的新的哲学体系，而是进入了一直持续到现代的漫长停滞期。

11

无智、无愚、无恶的破戒僧

亲 鸾

必杀技：他力本愿

1173年—1262（1263）年

主要著作：《教行信证》

最早娶妻的僧人，生有四男三女。他创立的净土真宗是日本最大的佛教宗派，目前约有两万座寺庙，超过1300万名信众。

通过念佛抵达"他力"的境界

亲鸾是镰仓时代的僧人，也是净土真宗的建立者。

他九岁于比叡山出家，修行二十年。但是在学习了佛教哲学之后，他便开始担心佛教哲学的力量不足。

释迦牟尼的精妙哲学，讲的是要克服一切不幸，达到无分别智、开悟的境地。这些当然都很伟大，但是对于当前正在受苦的人，这套哲学也会有效吗？

如果是个时间充裕的人，那倒没关系，可以慢慢向他传授释迦牟尼的哲学，总有一天他会产生"啊，原来如此！"的体验，从而理解这一哲学。即使迟迟不能理解，也没太大关系，多尝试几次就是了。但是在现实生活中，只有贵族之类的上层阶级，才有时间慢慢尝试，而这些人毕竟只是很少的一部分。

大多数人都是普通民众，没有那样的时间，他们每天都过得很辛苦，忙着挣口饭吃，挣扎在贫困线上，能不能活到第二天都说不定。对于过着这种生活的人，悠闲地教他们艰深难懂的哲学，并没有任何用处，反而会让他们困惑。

"干吗要和我说这些莫名其妙的东西？我都已经快要饿死了。我不要听这些，你要是有什么能帮我消除痛苦的办法，那就再说了！"

不管释迦牟尼的哲学再怎么精彩，只要对现实生活没有帮助，那么对这些人来说就是没有意义的。挣扎在贫困线上的人，根本没有闲暇修行或者钻研学问，对他们来说，艰深的释迦牟尼哲学等于"不存在"。

另外，这个世界上承受最多痛苦的，最想找到方法克服痛苦的，毫无疑问，正是这些挣扎在贫困线上的人，但是寺庙里的僧人忽视了他们的存在，始终只会讨好过着安逸生活的贵族，这是严重的错误。事实上，这些最为痛苦的广大民众，才是他们最应该传授佛教哲学的对象。

亲鸾从小就投身于佛教，看到这种现象深感同情，他认为，如果没有办法帮助最痛苦的人，那就不能算是佛教哲学（克服所有苦痛的哲学）。如果不能研究出一套可以帮助这些人的哲学体系，那也不能算是佛教组织（钻研释迦牟尼哲学的学者组织）。

亲鸾无法坐视不理，于是他离开了寺庙，踏上旅程，寻找能够有效帮助民众的"劳作者的佛教哲学"。

念佛

有一天，亲鸾听到一个消息，说是有个名叫法然的僧人非常了不起，他立刻前去拜访，从法然这里学到了一种划时代的佛教哲学，即"念佛"。

什么是念佛呢？要回答这个问题，首先要了解一个神秘的故事：阿弥陀佛的本愿。

很久以前，有个叫阿弥陀的修行僧人，他向前辈僧人学习，终于抵达了开悟成佛的境界，但在这时他说：

"世上还有许多人仍在受苦。只要那些人还没有开悟、超越苦痛，我就决不成佛。"

打个比方来说，就好像是天堂已经对他敞开大门，他却站在门前说："我要等其他人都进了天堂，再穿过这扇门，哪怕是最后一个进去也没关系。"说完就退了回来。这是多么有气魄的行为！

这种热切的愿望（本愿），"我可以是最后一个进天堂的人"，就是阿弥陀佛的本愿。此外，他还说过这样的话：

"跟随我、皈依我的人，我会让他转生极乐净土（阿弥陀的国度）。我将在那里说法，让他们抵达开悟境界。"

于是便出现了一种宗教派别：只要念佛，也就是念着阿弥陀佛的名字，就能往生极乐。法然了不起的地方在于，他将念佛重新下了这样的定义：

改变定义前：念佛＝进入深层冥想，在脑海中浮现佛的模样

改变定义后：念佛＝念诵"南无阿弥陀佛"

顺便说一下，"南无"是"皈依"的意思。所以，"南无阿弥陀佛"，就是"请帮助我！阿弥陀佛"的意思。

法然断言所谓念佛就是要念出这句"南无阿弥陀佛"，因为阿弥陀佛已经承诺，只要有人恳求帮助，就一定会帮助他，所以不需要去想象佛的模样，只要直接说"请帮助我！阿弥陀佛"，就可以得到拯救，因为阿弥陀佛有着无上慈悲，他不会因为某个人想象的佛不太正确，就不拯救这样的人。

"所以只要念诵'南无阿弥陀佛'，阿弥陀佛就会在你死后，带你前往极乐净土。"

法然就是这样告诉大家的。最重要的地方在于，他的要求是

很容易做到的。不管是谁，只要相信阿弥陀佛，念出这六个字就行了。也就是说，就算是没有闲暇学习或者修行的一般民众，一样可以得到佛的保佑。

长期以来，谁要想得到佛的保佑，都要去山上闭关、苦行，历经多年的修行才能做到，所以大家都觉得和自己没有关系。而法然的主张，显然在佛教中掀起了一场革命。

当然，如果法然是一个无名小辈，大概没有人会听他的话。但他是出身于比叡山的高僧，所以很多人都觉得，那么伟大的高僧说的话，当然值得相信。而且法然所主张的念佛这一方式又很容易做到，所以很快就成为民众之间广为普及的佛教宗派。

以上就是关于念佛的说明。看到这里可能会有人觉得，法然所讲的念佛，只是一种神秘主义的超自然概念，是一种毫无根据的迷信活动。实际上，阿弥陀也并不是历史上真实存在的人，而是一个虚构的角色。因此，"阿弥陀佛的本愿"自然也是虚构出来的故事。

所以，注重理性的现代人可能会认为，现实生活中不可能发生这么荒诞的事情。念一个虚构的故事中出现的虚构人物的名字，就能往生极乐？根本不可能嘛。说实话，作为现代人，如果不这么想，反而更奇怪吧。

那么，这是不是说，所谓念佛，只是在当时那个信息交流困难的时代，用来欺骗无知民众的胡言乱语，实际上毫无效果、毫无意义呢？

这倒也不是。就算阿弥陀并不存在于现实之中，其实也没有关系，念佛一样具有重要的作用。

简单来说，念佛本来就是一种简便易行的修行方法，只要反复念诵"南无阿弥陀佛"就可以了。实际上，即使在现代，这种反复念诵的行为，也是众所周知的有效精神安慰法。

比如，大家应该听说过，失眠的时候不妨默数，"一只羊，两只羊，三只羊……"，这其实也是一种念佛。通过反复念诵同一段文字，让大脑中的杂乱想法逐渐消失，等心情平静下来，就能安然进入梦乡。

还有棒球选手比赛的时候嚼口香糖，也是同样的道理，那其实也是一种念佛。在大批观众观看的比赛中，选手很容易紧张，无论如何著名的选手，一样都会闪过一些多余的念头，比如说，"这个球没打出去该怎么办？""如果这时候打出一个本垒打，我就红了"。这时候他们就会不断去嚼口香糖。虽然只是很简单的动作，但足以把注意力转移到口香糖上，让心情渐渐平静下来，心跳也会恢复到平时的状态。

总之，真正重要的是"结果"。对于东方哲学而言，"道理"或者"科学依据"并不重要，与其追求那些东西，不如这些更为重要的"结果"。没错，在东方哲学中，结果的重要性，要高于任何道理。

不妨设想这样一个场景：

有人正准备登台表演，但是他感到很紧张，于脚发抖，面红耳赤。从旁观者的角度来看，很难认为他会有完美的表现。那么哲学怎么帮助这个人呢？

"你要冷静，放松一点！"

"失败也没有关系！"

"没问题的，你要相信自己！"

大部分情况下，对他说这些粗浅的道理，一点用也没有。有些人说不定还会变得更加紧张。

那么，如果告诉他更精深的道理呢？比如请来一位教授，传授给他克服紧张的高深哲学体系。

"要克服紧张呢，首先得知道什么是紧张，那么就要先看看这个词的定义，理解它真正的含义，然后再深入分析为什么会紧张，如果你能找到紧张的原因，那么就可以去掉那个原因，按道理来说应该是这样的。"

这显然不对。在现在这种情况下，根本不可能悠闲自得地讲这么多话。毕竟对方没有那么多时间。再有几分钟，舞台的大幕就要拉开，马上就要上台了。不管道理或者理论如何出色，听不完也就没有意义。换句话说，在这样紧迫的情况下，就算那套伟大的哲学体系能够克服紧张，也帮不了他，派不上用场。

那该怎么办才好呢？难道只能束手无策，任由时间过去吗？

但在这时来了一位东方哲学家，在这种情况下，他会怎么做呢？他会不会向对方说出什么至理名言呢？不，并不会，东方哲学家不会做这种没用的事，如果这位哲学家真的继承了东方哲学的体系，那么他就不会讲道理，而会向对方传授有效的方法论。

这位东方哲学家走到那个紧张发抖的人身边，递给他一样东西说：

"嚼个口香糖吧。"

就是这样，没有讲什么道理，也没有讲什么高深的哲学理论，但效果立竿见影，比讲述任何哲学都切实有效。

"结果比过程更加重要。"

这是东方哲学的本质，也是最基本的态度。只要结果有效，即使道理是错的，即使是虚构的故事，在东方哲学中也是"真的"。反过来说，如果没有效果，那么就算道理正确，就算是发生过的事实，在东方哲学中也是"假的"。

释迦牟尼最初所领悟的是：所谓不幸，不过是自己的思考（区分）所形成的东西而已。所以最简单的方法是，只要停止那样的思考（区分），不幸就会消失。

即便如此，要想停止导致不幸的思考，还是非常困难的。人只要听到别人说"不要再想"，就总会忍不住去想"不要再想"。这种时候，如果从哲学的角度去研究"为什么会忍不住去想'不要再想'的问题？"固然不错，但也许情况紧急，没有闲暇慢慢考虑；或者，一辈子也忘不了这件事，到死都一直对这个问题耿耿于怀。

既然如此，与其耗费那么多的时间精力，思考如此复杂的哲学问题，还不如不断重复一句话，效果会好得多。

南无阿弥陀佛，南无阿弥陀佛。

这一点都不困难。只要全心全意反复念诵同一句话，复杂的念头，就会像乌云一样散开，混乱的精神状态，也会慢慢恢复正常，等到混乱消失，也许有可能抵达释迦牟尼的境界。

恶人正机

这就是念佛的功效，不过到目前为止，介绍的都是法然等人创造的成果，还没有涉及亲鸾的作用。顺便说一下，"念佛"这个概念本身是由中国传来的，念诵佛名的念佛方式也同样传自中国，是在法然之前的源信、良忍等早期高僧所倡导的方法。

亲鸾的贡献在于他做了法然的弟子、继承了念佛的传统之后，又把那样的理念视为东方哲学的组成部分，提升到更高的层次。他的思想中最重要的两个词，就是"他力本愿"和"恶人正机"。

> 既然善人都能前往极乐净土，更不用说恶人了。但
> 是世人往往说反。他们说，连恶人都能前往极乐净土，
> 更不用说善人了。（《叹异抄》）

这是亲鸾的哲学中最有名的一段，一开始就说，"既然善人都能前往极乐净土，更不用说恶人了"。接着他指出，自己的观

点和一般常识明显相悖。我们通常都认为，"就连恶人都能得救，那么善人肯定更应该得救"，他却说出完全相反的观点："既然善人都能得救，恶人当然也应该得救。"

这到底是为什么呢？他给出了这样的理由：

> 世人的说法，初看之下似乎很有道理，事实上却违背了他力本愿的救赎原则。这是因为，一个努力行善、想通过自己行的善往生极乐的人，只会骄傲于自己所行的善，而缺乏仰赖阿弥陀佛的他力之心。这种人显然不是阿弥陀佛的救赎（本愿）对象。（《叹异抄》）

这段话的意思是说，善人（准确来说是自认为是善人的人）倾向于认为能够依靠自己的力量解决问题，没有仰赖"他力"的想法，所以很难得到救赎。

不过这样的说法同样也是违背常识的。一般而言，说到"他力"，大家对它的印象都不会太好，作为社会的普遍价值观来说，倾向于不依靠别人，而是依靠自己的力量。

但是按照东方哲学的传统来说，亲鸾的主张显然是正确的。正如《老子》所说，在东方哲学中，相比于"自力"，通常会给"他力"（无为、顺其自然）较高的评价。不仅如此，东方哲学甚至认为，所谓"自力"，根本是不可能的。

亲鸾无疑对此非常理解。

《叹异抄》一书，是把亲鸾说过的话整理结集而成的著作。书中记载，他与弟子唯圆之间，曾经有过如下问答：

亲鸾："唯圆，你相信我说的话吗？"

唯圆："弟子当然相信。"

亲鸾："那么接下来我要说的话，你绝对不会违背吗？"

唯圆："是的，弟子绝不会违背。"

亲鸾："那好，你给我杀掉一千个人，这样的话，你必然能够往生极乐。"

唯圆："这，这我做不到，莫说一千个人，一个人我也杀不了。"

亲鸾："既然如此，你刚才为什么说，绝不会违背我说的话呢？如果能想行善就行善，想作恶就作恶，那么杀一千个人，对你来说又能算得了什么呢？但你却做不出这种事，原因在哪里，你可知道？那是因为，它不是你自己能决定的。你要明白的是，并不是因为你心地善良才杀不了人。杀不杀人，其实与你的想法无关。有些时候，不管你的想法如何，你还是有可能杀掉成百上千的人。"

在这段话中，弟子唯圆原本以为能够依靠自己的意志决定事情是否发生，但亲鸾却告诉他，事情并非这样。凡事不是我们去引发它，而是它自己发生的。

善人往往以为，是自己主动在做一些事情。这其实也很好理解。因为他们认为自己在做正确的事，所以总会倾向于认为，是在依靠自己的力量做这些事。

但是这违背了东方哲学中的基本观点，最终导致不幸，因为总有一天，他们会碰到无法以自己的力量解决的事情。

相反，他力没有解决不了的问题，或者更准确地说，根本就不存在解决问题，这件事，无论事情如何发展，都一样是顺其自然，因此在这样的境界中能解决问题的概念本身都是不成立的，这也就是说他力是一种无敌的境界。

而恶人（准确来说是自认为坏到极点的人）会比善人更容易进入他力的境界，因为他从来就没有遇到过好事。

恶人本来也想做善人，也想昂首挺胸地说，"我在做好事"。虽然恶人往往嘴上会说"我才不想当什么善人"，但如果真的有那样的机会，他毫无疑问也是想做善人的。

悲哀的是，现实总是令他的期待落空。虽然他心里想要去做自己认为正确的事，但结果总不能如愿，反而总是让别人厌恶。哪怕他想帮助弱者，也会因为力量不够而无法伸出援手，造成不好的结果。慢慢地，恶人意识到他做不好自己认为正确的事。这个世界不让他那么做。

于是他放弃了做"正确的事"，对人生妥协，转而去做自己认为"错误的事"。

但是这样的人生，对他来说也是地狱，因为他感觉到自己在做不正确的事（对于他的价值观来说）。暂且不说那是不是真的不好，只要他所做的是自己认为的错误之事，认定自己是个恶人，当然就会为此而痛苦。各种负面情绪（后悔、愤怒、自我厌恶）便会随之而来，不断折磨他。

所以，到最后他会大叫：

"我受够了……我讨厌这样……我也知道自己做得不对……是我的错……可是我也没有办法！我这么做，心里也是不愿意的啊！"

看！他说了"没有办法""心里也是不愿意的"。正因为有这样的想法，他才能进入"他力"的境界。他没有自以为"是我想要作恶，我才作恶"，因为这样的想法对他来说其实是沉重的负担和痛苦。

善人就很难这样。善人自以为"是我想要行善，我才行善"，这种想法并不会给他带来任何痛苦，所以他没有动机放弃，于是也就无法进入"他力"的境界。

恶人就不会如此。他们因为自己的行为而感到痛苦，所以会发自内心地依靠他力，把自己交给神明。他们能够全心念佛，从心底呼喊："请帮帮我，阿弥陀佛！"

也许阿弥陀佛并不存在，也许他只是亲鸾的老师的老师虚构的故事人物。不过，阿弥陀佛也可能真的存在。

但这些都不是问题的关键。无论如何，念佛这种方式，只要是来自内心的呐喊，就必然有效。

"我受不了了，请帮帮我！"

这样的想法，再加上念佛，就能将恶人引导到他力的极乐世界。他将在那样的极乐世界中，窥见释迦牟尼所抵达的东方哲学的终极境界。

然而民众一定会错误地理解亲鸾的意思。

大家听到他说，"更不用说恶人了"，恐怕一定会产生这样的误解：

"就算杀了人，只要念佛就能得救。而且做坏事的人反而更容易得救？"

事实上，念佛的宗派，经常会引来如下误解：

"不管做多少坏事，只要在死前念佛，阿弥陀佛就会来拯救我，既然如此我就可以尽情去做坏事，高僧已经做了保证，这可太好了！"

这是很荒谬的想法，但还是不断有人做出这样的解读。亲鸾一直到死，都忙于澄清这样的误解。讽刺的是，会产生这种误解的，多半是（亲鸾所讲的"念佛很难生效的"）善人。

这是因为善人的价值观是，"给别人带来麻烦也没关系，只要最后能得救就行"。这就是聪明的处世之道。他们依照这样的价值观，去做自己觉得正确的事，并为此自我满足。所以，即使他们想做坏事，他们也是"善人"，依然无法进入他力的境界。

很显然，如此精妙的逻辑，没有人能够理解。

结果就是，根据亲鸾的话整理编撰的《叹异抄》，明明是一本珍贵的哲学书籍，由于容易引发误解，只能长期保存在本愿寺的书库中。顺便说一句，本愿寺的第八代住持莲如读完这本书以后，虽然被书中精妙的哲学体系打动，但还是担心其中的内容容易引发误解，所以加上了注意事项——"本书为我派圣书，不得擅自展示"，又将它重新收回书库，继续保存起来。

于是，由弟子们精心保管的哲学书，在沉睡了八百年之后，得以重新出现在世人面前。人们也终于知道，曾经有过亲鸾这位伟大的东方哲学家。

终极哲学

那么，在介绍亲鸾哲学的最后，请各位想象这样一个场景：

有一天，人们忽然发现，有一颗巨大的小行星正在朝地球袭来。它根本无法躲避，没有任何方法可以拦住它。联合国对此束手无策，人们只能坐等它撞击地球。

在这种情况下，我们该怎样度过剩余的时间？

在小行星即将撞击地球的最后一晚，我们要悠然阅读《查拉图斯特拉如是说》来度过吗？不，根本不可能。

小行星越是逼近，地球的温度就会越高，最终让地球变成一个灼热的地狱。人们都会燃烧起来，地球成了一个充满惨叫声的人间地狱，大家只能在痛苦中等待死亡。

在这样的痛苦中，什么尼采、什么康德，根本没人顾得上。不管多么有学识，在人间地狱中，一点作用也没有。

在这个时候，越是善人，恐怕越会感到痛苦吧。

"我明明没有做什么坏事，为什么会遭遇这样的痛苦！"

不过，身处这样的人间地狱，又有谁能心平气和地接受，安安静静过完最后的时光呢？

这时唯一能做的，大概只有"念佛"了，也就是遵照亲鸾的哲学，让失控的思绪平静下来，把一切交给他力。

"人间地狱"也可能叫其他的名字，或是"意外"，或是"灾害"，或是"疾病"，或是"衰老"……总之，它最终会以"死亡"的形式出现。

幸运的是，亲鸾给我们留下了"有效的哲学"，能够在这样的时刻发挥作用。

念佛是从中国传来，再由日本僧人加以改良，最后在亲鸾手中完成了这套足以用于世界末日的终极哲学。这样的哲学能够在日本完成，笔者认为是足以令日本人自豪的事。

东方哲学的精髓

禅的历史

什么是禅？

以《奥义书》哲学为基础发展起来的印度佛教，传到中国之后，与老庄思想融合，便形成了中国佛教中的"禅"。

从这样的起源可以看出，所谓"禅"，融合了耶若婆佉、释迦牟尼、龙树、老子、庄子等东方哲学家的思想精髓，是东方哲学的核心所在。

"禅"的起源，据说来自印度梵文"Dhyana"，原本在中文里音译为"禅那"，后来省略为"禅"。Dhyana有冥想的意思，可以简单将之理解为"端坐冥想"。

禅传到日本之后，又经过不断改进。实际上，当今世界上广泛接受的"禅"，不是中文的"禅"，而是日文的"Zen"。可见，禅虽然不是起源于日本，却是在日本人手中完成的，可以说它是日本文化中值得自豪的内容之一。

日本的"禅"，大致可以分为两个宗派，一是荣西创立的临济宗，另一个是道元创立的曹洞宗。

在介绍它们之前，首先让我们来看看禅的历史。

禅的祖师：达摩

传说"禅"始于达摩。他不是中国人，而是印度人。在公元500年前后，达摩从印度来到中国，传授释迦牟尼的哲学。

当达摩来到中国以后，却发现释迦牟尼的哲学（也就是佛教）已经在中国普及了。整个国家也在信奉佛教。然而他们信奉的佛教让达摩十分困惑。

有一天，南朝的梁武帝听说从佛教的发源地印度来了一位高僧，叫作达摩，于是便邀请这位高僧前来讲解佛教教义。

梁武帝开口就问达摩："我修建了许多寺庙，抄写了许多佛经，资助了许多僧人。你看，我做了多少功德？"

达摩回答说："没有功德。"

梁武帝大吃一惊。他原本以为达摩会交口称赞说："陛下功德无量！"然而达摩说他没有功德。

梁武帝不禁仔细打量这个没有礼貌的家伙。只见他散发出的气质，与中国的僧人并不相同。他放任自己的胡须生长，眼神锐利，简直如同狰狞的猛兽，好像随时都要扑过来吃人。如果这时候有臣子说："陛下恕罪，找错人了，他是个凶恶的罪犯。"梁武帝大概会点头说："果然如此。"达摩的相貌就是如此可怕。

既然已经请来了，梁武帝还是决定用终极问题考问达摩：

"那么，佛教的开悟是什么？"

"一切皆无。"

一切皆无？这是什么意思？达摩实在很不擅长表达。梁武帝忍不住又问：

"既然如此，你又是谁？"

"我不知道。"

就这样，达摩和梁武帝的会面，就在这种难以沟通的对话中结束。达摩离开了梁武帝那边，来到少林寺，开始了长达九年的面壁。

这让少林寺的僧人也很失望。难得有高僧从印度前来，却什么都不说，只是对着墙壁枯坐不语。

直到有一天，来了一个名叫慧可的人，他向达摩请求传授佛教的真意。达摩却丝毫不理睬他。无论慧可说什么，他连头也不回。

这可怎么办？慧可诚心诚意请求达摩的指导，他却不理不睬。该怎样才能表达出自己的诚意呢？

无计可施的慧可，竟然当场砍下了自己的左臂！

然后，他又捡起左臂，扔向达摩。

慧可用这种激烈的方式，展现自己的决心和觉悟。

达摩终于回头了。他一直在等待慧可这样的人。

他来中国虽然是为了传播佛教，但他并不想成为所谓的传教士，也不想对大众推广佛教，他只想挑选自己认可的人，把佛教精髓传授给对方。今天，他终于等到了这个人。达摩回过头，收慧可为徒。

于是，"禅"诞生了！这是一种倾注全力、立志走上开悟之路的激烈举措。

慧可跟随达摩专心修行，却怎么也无法抵达开悟的境地。他不解地问达摩："我已经专心修行多年，心中还是没有舒畅的感觉。我的心依然不够宁静，始终有不安萦绕。我到底该怎么做才能开悟？"

这时候，达摩突然取出一根大棒，面目狰狞地大叫："那就把你的心掏出来！我用这根大棒，把你的不安打烂！来，快拿出来！"

身为弟子，当然不能认为老师的行为很荒诞。不管老师说什么，弟子必须照老师吩咐的去做。慧可便按照达摩的话，尝试把心拿出来。他闭上眼睛，想要摸索自己的心，却怎么也摸索不到。这时候，慧可猛然意识到，根本不存在所谓的心。

"内心不安""美丽心灵""丑陋的心"——我们虽然会用"心"这个字组词，但谁又真的看到过"心"呢？仔细想来，它其实并没有实体。

而且慧可的想法也是先入为主的。他以为，只要跟随达摩修行，学到佛教的精髓，就能抵达"无上幸福的境地"。到那时候，他就会内心舒畅，毫无迷惘。不管怎么修行，他都没有产生那样的感受，依然和往常一样，内心充满不安。所以，他认为自己"没有开悟"，为此更加烦恼。

但那种"不安"，只是大脑发出的信号，是化学物质带来的刺激。换句话说，"那只是单纯的感觉而已"。慧可却给那种感觉取了一个名字（区分）叫作"不安"，还给了它"很不好"的价值，把它与"自己的心"（自我）同化。在这样的"同化"中，慧可当然就会以为"我的心不够纯净，我还没有开悟"。

实际上，这一切都是他自己的妄想。

从一开始就没有什么"心"。没有"心"，自然也不会有"内心不安"。

慧可终于意识到这一点。

他不再说自己不安，不再理会大脑中产生的化学物质。即使内心还有焦躁的感觉，他也视之为"单纯的感觉"而已。他已经真正意识到，无论内心有什么不安的感觉，"我"（观众）也不会因此变得不安，就像天空不会因为观看者而变得湛蓝或者殷红一样。

达摩为慧可点燃了"开悟"的体验之火。慧可因而成为第二代宗师，继承了"禅"的传统。对于全心向往佛教的极少数对象，引导他们前往开悟的境地。

时光荏苒，许多年后，又有一位天才，来到达摩之后的第五代宗师弘忍面前。他叫惠能。

禅的继承者：惠能

这位名叫惠能的人来到弘忍的寺庙，想成为庙里的弟子。但惠能的父亲死得早，他只能靠砍柴勉强度日，完全不认识字。

寺里的僧人认为，惠能不识字，无法学习佛法。但弘忍看到惠能后很欣赏他，让弟子将他留下。刚好厨房缺少人手给稻米脱壳，便收他做这项工作。

八个月后的某一天，弘忍召集众弟子说：

"你们把自己达到的境界写成诗。如果有人已经开悟，我便将自己的衣钵传授给他。"

老师突然宣布自己要退隐，弟子们当然大惊失色。不过，老师确实上了年纪，也不知何时会撒手人寰，真到了那一天，达摩传下来的禅，说不定就会中断了。如果从现在这些弟子中选出最优秀的一位继承衣钵，未必不是一件好事。

于是，弟子们纷纷绞尽脑汁写作诗歌，力争将自己的修行成果展现出来。不过，在老师做出评判之前，大家纷纷认为，应该是弟子中最为优秀的神秀继承老师的衣钵。

事实上，神秀的诗确实写得很好。他在寺院墙壁上写下这样一首诗：

身似菩提树

心如明镜台

时时勤拂拭

勿使染尘埃

这首诗的意思是，"心就如同一面镜子，能够照出万物。我们应当努力不懈，莫要让这面镜子沾染灰尘"。这首诗太美了，其他弟子不得不认输，称赞道："不愧是神秀，必然是他继承老师的衣钵。"

就在这时，在厨房做工结束的惠能刚好路过。他问："这墙上写的是什么？"

有人把神秀写的内容念给他听。惠能说："哎呀，写这首诗的人好像并没有开悟啊。"

其他弟子听到这番话，哄堂大笑。

"连字都不认识的乡巴佬，哪里懂得这首诗的美妙？你口气既然这么大，那你来写一首看看？"

"可是我不会写字。"

"那你说，我帮你写。"

说这话的弟子大约是想看口出狂言的惠能出丑。他把惠能念出的诗写在墙上。

那首诗的内容是这样的：

菩提本无树

明镜亦非台

本来无一物

何处惹尘埃

　　这首诗的意思是："本来就没有镜子，什么都没有。灰尘又能沾到哪里呢？"

　　这时，弘忍来了。他看了看墙上写的惠能的诗，皱起眉头说：

　　"这是哪个小子瞎写的东西？写这种乱七八糟的诗，显然没有开悟，走开走开！"

　　说完，他便气冲冲地走了。

　　然而到了那天晚上，弘忍悄悄来找惠能，他脱下自己的袈裟，披到惠能身上。

　　"你快带着这件袈裟走吧。你已经开悟了，可以继承我的衣钵。但是如果被旁人知道，你恐怕性命难保。所以快走吧！"

　　弘忍知道，在自己的弟子中，只有惠能一个人开悟了。但自己无法公开宣布由他继承衣钵，因为他不识字，也没有学过佛教哲学。如果宣布由这种人继承衣钵，成为老师，其他弟子肯定无法接受。不管实情如何，他们的自尊心也不会容许。

　　事实也的确如此。

　　第二天，弟子们很快就发现了异常：老师的袈裟不见了。

　　那可不是普通的袈裟，而是达摩穿过的袈裟。在达摩选定慧可继承衣钵时，便把这件袈裟传给了他。既然这件代代相传的袈袈没有穿在老师身上，就意味着"已经传给第六代传人了"。

"这是怎么回事？"

弟子们纷纷询问弘忍，但他沉默不语。弟子们很快发现，惠能不见了。显然，老师把衣钵传给了他。意识到这一点的弟子，正如弘忍的预计，一个个愤怒不已。

"开什么玩笑！我们在这里修行了几十年，最后把衣钵传给了那小子？不可接受！老师一定疯了！我们去追惠能，抓住他，把老师的袈裟夺回来！"

他们前去追赶惠能，但惠能早已逃往南方，逃过了追捕。后来，惠能成为第六代祖师，继承了禅的传统。

在惠能离开之后，神秀开创了"北宗"禅派。他与国家权力结合，掌握了极大的权势，但不久即衰落。而逃去南方的惠能开创了"南宗"，流传了许多代，建立起"南岳、马祖、百丈、临济、青原、石头、曹山"等禅的黄金期，高僧辈出。

如果当年惠能没有逃走，禅的传统也许就断绝了。

明知会有断绝的危险，还是坚持要将佛教精髓传授给合适的人，这才是禅的精义。

诞生于中国的这一伟大传统，后来又通过荣西、道元两位天才，传到了日本。

12

禅与茶的祖师

荣　西

必杀技：公案

1141年—1215年

主要著作：《兴禅护国论》

荣西亲自种茶，把茶推广到日本各地。他还著有
《吃茶养生记》，书中第一句话就是"茶为养生仙
药……"

不经思考而理解事物

荣西是将禅带入日本的僧人，也是临济宗的祖师。他十四岁
进入比叡山修行，后来两次前往中国学习临济禅（出自一位名叫
临济的僧人），取得印可（证明开悟的毕业证书）之后，回到日
本，创立了临济宗。

临济宗又叫"看话禅"，它的特点是通过公案抵达开悟境地。

公案

什么是"公案"？简单来说，就是"脑筋急转弯"。老师出"脑筋急转弯"的题目给弟子，让弟子通过回答来抵达开悟的境地。

说起做"脑筋急转弯"最著名的和尚，大概有人会想到一休和尚吧。那个小小的和尚，善于运用机智解决成人的刁难，让对方心服口服。在各种讲述机智人物的故事中，常常会提到这个一休和尚。他为什么这么机智呢？其实，一休和尚是个真实的人物，名叫一休宗纯，他正是临济宗的和尚。

临济宗擅长通过"公案"这种脑筋急转弯来抵达开悟的境地，因而临济宗的一休和尚能够如此机智，也就不足为奇了吧。

不过，为什么临济宗要使用公案呢？

在这里，我们需要先了解一些略显复杂的内容。

人总会带有两种错误的想法。

一种想法是：不管什么问题，只能通过思考去解决。

比如，"门打不开""电脑坏了""朋友讨厌我"之类的日常生活问题，我们都会认为，只有通过思考去理解它，也只有通过思考来找出解决方案。

当然，我们都知道，现实生活中存在着无法理解也无法解决的问题。比如，"宇宙的尽头是什么样子的？""为什么会有宇宙？"等等。对于这类问题，我们会直接放弃，承认它确实无法通过思考去解答。但是，这同时意味着，我们认为无法以思考解决的问题，我们是不能理解的。

另一种想法是，思考就代表了自我。

所谓思考，原本只是肉体的功能之一，但我们通常都非常重视思考，甚至把思考和"自我"等同。

如果有人说，"你的发型像大雄"，大概并不会有人真的生气；如果有人说，"你的手不是很灵活哎"，我们大概也会赞同说，"嗯，我确实不擅长手艺活"。但是，如果有人严肃地对自己说，"你真的很愚蠢"，否定自己的思考能力，那么我们就会勃然大怒，或者十分伤心吧。

这是为什么呢？为什么别人说自己的手笨就没事，说自己大脑笨就不行呢？

原因很简单，因为我们认为，"思考"就代表了"自我"。

这些错误的想法（区分）显然会阻碍我们抵达"无分别智的境地"，所以必须加以破除。而禅宗的高僧则会尝试各种方法，希望帮助人们破除这些错误的想法。

比如，临济宗的祖师，临济禅师，经常会对弟子大喝：

"呔！！！！！！！！！！！"

为什么禅宗的高僧要高声大喝呢？其实只是为了吓唬对方而已。

当人受到惊吓的时候，就会停止"思考"。

以看电影为例，电影正在播放的时候，遇到了突发状况，画面黑掉了。当然，画面很快就会恢复正常，就像我们很快也会恢复思考一样。

"吓我一大跳。老师刚刚为什么突然大喝一声啊？"

不过，在思考暂停的短短刹那，我们确实陷入了"停止思考"的状态。那一刹那，就隐藏了抵达"无分别智"的可能。

人都是这样的。一旦出现自己无法理解的状况，就会瞬间失去思考能力。由于遇到了现有的知识无法解释的问题，便会像个婴儿一样，产生出一种"到底发生了什么？"的感觉。而这正是唤醒"无分别智"的关键。

所以，禅宗的高僧发现弟子陷入复杂的思考时，或者试图讲些道理的时候，就会突然大喝一声，惊吓弟子。

特别要说明的是，所谓"大喝一声"，可不是普普通通的惊吓。那是一种空前的绝望感，就像是走在山里，突然遇到了一头庞大的巨熊朝你发出怒吼一样。在那种时候，你甚至连逃跑都会忘记。

"完了，我死定了！"

老师浑身散发出恨不得一刀劈死弟子的杀气。他会面目狰狞地朝弟子大喝。

不过，这种大喝，用得多了，弟子也会习惯。他会预见到老师什么时候大喝，预先做好心理准备，于是也就不再害怕了。

这时候，老师也就不会再朝弟子大喝，而是会突然泪流满面。

"感谢你们……"

平时动不动就大喝的老师，突然哭了起来！

"……欸？"

于是弟子又陷入了无法思考的境地。

其实，这只是换了一种方法而已，原理与大喝并没有区别，都是为了让弟子停止思考，激发"那一刹那"的奇迹。

正因为有着这样的文化传统，所以才会流传下来许多"禅宗高僧突然做出反常行为"的故事。这也使得禅宗里面存在许多看似莫名其妙的问题或者逸事。

将思考视为"他者"

公案的原理也和大喝一样，都是为了破坏弟子的思考。

举例来说，公案就是类似下面这样的内容：

"双手对拍会发出啪啪声，那么单手拍的话，会发出什么声音？"

这就是最著名的公案之一，"单手之声"。

需要特别说明的是，这不是随随便便就能想出来的问题。释迦牟尼为了开悟，投入了无比的热情，甚至临终前都在绝食。而弟子在回答公案时，也必须倾注同样的热情才行。无论是吃饭、走路还是睡觉，随时随地都要思考这个公案。

最终，弟子给出了自己的答案：

"老师，我知道了。双手对拍就代表相对性的二元世界。而单手拍就代表绝对性的一元世界……"

结果弟子被老师狠狠训了一顿。

"你在说什么莫名其妙的东西？我问的是单手拍会发出什么声音，是声音！你说什么二元、一元，有关系吗？"

老师赶走了弟子，让他再好好想想。

弟子绞尽脑汁思考，希望找到一个老师能够接受的完美答案，有时候确实想到一些机智的回答。

但老师还是不接受。

"我说过了，你这是什么乱七八糟的答案！谁问你们这些了？我问的是，单手拍会发出什么声音！"

老师不接受任何机智的答案。

在这样不断的反复中，弟子开始觉得，这个问题也许无法从逻辑的角度加以回答，也无法以机智解答。

"老师，我知道了。这个问题没办法回答。对于无法回答的问题，我们不能一直执迷不悟！"

弟子再次被老师训斥一顿！

"什么叫没办法回答？你听好了，赶紧回答我，单手拍是什么声音？"

弟子脸色发白，不知所措。他以为"单手拍"是某种隐喻，所以觉得，"双手拍隐喻的是这个，那么单手拍隐喻的就是那个吧"。

"难道说，意思是内心要十分敏锐，连无声的声音都能听见？"

弟子以为老师要的是这样的回答，但似乎并不是。老师好像真是在问"单手拍的声音"。

可是，这种问题没有任何意义啊！没有答案的问题，这不是很明显的吗？

但老师还是要弟子再去想想。

弟子们纷纷放弃，但也有极少数的弟子还在坚持。即使没有办法找到答案，也在苦苦思考。

"从逻辑的角度思考逻辑上不成立的问题"，很明显是一个矛盾。这是一个毫无意义的思考题。

就在这时，思考本身提出了建议：

"停止吧！不可能找到答案的，放弃吧！你肯定被骗了！"

但弟子还是不放弃。他不听思考的建议，还在不断思考。终于，他抵达了极限，也就是，"不能再想了，再想下去脑子就要爆炸了！"

但弟子还是要继续向前！就在他踏出那一步的刹那——

附在弟子身上的妖怪，离开了。那是自从他懂事以来就附在他身上的、名为"思考"的妖怪。那个妖怪一直和他同化，让他以为那就是他自己、是他理解世界的唯一方式。

但是，由于弟子拼命思考"不可能找到答案"的公案，那个妖怪终于惨叫着逃走了。

"我受够了！我不要再附体这个人了！"

妖怪的惨叫声结束后，弟子就处于绝对的寂静之中。猛一回头，只见"思考"在他身后不远的地方。那是他自出生以来第一次把"思考"视为"他者"。在这样的体验中，他领悟到许多事情。他意识到，思考并不代表他自己，只是一种工具而已。就算不思考，依然可以理解世界。

弟子来到老师那里。

"老师，我懂了！放弃思考之后的'绝对寂静'，便是'单手之声'！"

已经没必要说这些话了。老师并不想听这个答案。他只是想让弟子领悟到释迦牟尼体验过的境地罢了。

因此，公案是不需要答案的。只要弟子来到老师面前，感谢老师给予自己机会，引导自己拥有这样的体验，便足够了。

当然，也可以把自己感受的体验表现出来，哪怕是倒立或者后空翻都没关系。因为，不管做什么，都是"正确答案"。

而老师必定会露出亲切的微笑说：

"不错不错，你明白了……我也终于可以卸下重担了。"

13 无情求道的坐禅王

道 元

必杀技：坐禅

1200年—1253年

主要著作：《正法眼藏》

《正法眼藏》是长达八十七卷的巨作。道元的禅学思想，对海德格尔的存在论，还有史蒂夫·乔布斯都产生了很大影响。

破坏与超越"问题"

道元是镰仓时代的僧人，也是日本曹洞宗的祖师。

他十三岁上比叡山修行，但又对比叡山感到失望，于是两年后下山，之后拜在荣西门下学禅，又在二十四岁时前往中国留学，在曹洞宗（出自曹山与洞山两名僧人）获得印可，回到日本，成为日本曹洞宗的祖师。

曹洞宗不像临济宗那样使用公案，它的特点是通过坐禅抵达开悟境地，也被称为"默照禅"。

东方哲学为了引发开悟体验，开发出各种方法。因为方法太多，反而有种越来越怪异的趋势。公案就是一个代表。所以，曹洞宗反其道而行，专注于"坐禅开悟"。公案固然不错，但要是运用不当，便可能流于形式，以为出其不意、突发奇想，就是目的。曹洞宗正是因为意识到这样的风险，所以才回归"坐禅"这种简单、普遍的方式。由此看来，曹洞宗可以说是东方哲学史上相当重要的宗派之一。

对佛教的疑问

据说，道元在十五岁左右的时候，按现在的说法，也就是初中二年级的时候，曾经为这个问题烦恼：

"佛教教义中说，'人即是佛'。如果人即是佛，那应该什么都不用做，为什么还要修行呢？"

佛教教义说，"本来本法性，天然自性身"，意思是，"人本来就具有佛性，人天生就是佛"。既然如此，为什么还要通过修行成佛？

从道理上看，道元说得没错。依靠修行成佛，似乎很奇怪。

实际上，东方哲学中总有许多内容，会引发诸如此类的疑问。

比如，禅宗六祖惠能的"本来无一物"，既然如此，又何必建什么寺庙，何必努力修行呢？

顺便说一句，东方哲学中还有如下这种"令人听了不知如何是好"的说法：

> 佛教修行，不能执着于开悟，不能执着于想要开悟，但也不能执着于不执着开悟的想法。（《正法眼藏》）

这段话出自道元的著作，到底是什么意思呢？

"不能执着于'不执着'。"

现在看来，这句话其实不难理解。如果是东方哲学的初学者，很容易为这句话感到沮丧。因为这句话的内容实在很莫名其妙，令人无所适从。

之所以会有这句话，原因在于人们会有"想要开悟"的想法，这种想法本身就是一种欲望，所以在努力开悟的过程中，也隐藏着"这样下去无法开悟"的因素。所以，"不要执着于开悟"，大约就是这个意思。

下一句话，"但也不能执着于不执着开悟的想法"，又是新的问题。粗粗一看，似乎觉得这句话没什么了不起，但仔细想想，就会发现这一点根本做不到。

我们不妨仔细分析一下：

1）不能执着于开悟

2）也不能执着于"不能执着于开悟"

3）也不能执着于"不能执着于'不能执着于开悟'"

4）也不能执着于"不能执着于'不能执着于"不能执着于开悟"'"

......

这是一个无限循环。可以想见，"不能执着于不能执着于不能执着于……"的句子可以无限延伸下去。

最终，无论停在哪个地方，都无法摆脱"不能执着的执着"。换句话说，不执着是不可能的。

执着不行，不执着也不行。

"那我到底该怎么办？"

虽然很想自暴自弃地这么说，但在东方哲学中，总会出现这种做不到的情况。

"不能想要依赖他力（无为自然），因为想要依赖本身就是自力（人为）。但也不能不想要依赖他力，因为不想要也是一种自力。"

这句话同样会让人觉得迷惑："照你这么说，岂不是根本不可能抵达他力的状态？我该怎么办才好？"

如果用这些问题去问那些著名的东方哲学家，他们又会说什么呢？

比如，你可以找一位高僧，问他说："既不能想成佛，又不能想'不想成佛'，那该怎么办？"高僧大约会给你很传统的答案，比如说，"你已经是佛了"，或者说，"无一不是佛"等等。他也可能亲切地告诉你："并不是努力就能成佛。佛在每个人心中，只能你去发现。"

大部分人听到这样的回答，很容易觉得，"原来如此！我明白了！"，等回去之后再仔细一想，又会有种上当受骗的感觉。

因为高僧告诉你的，就是"你已经是佛"的意思。即使听他说了这番话，也没有任何实际的改变。说到底，你会和道元产生同样的疑问："那我到底该怎么办？"

一切又回到了原点。

坐禅

年轻的道元陷入了这样的疑问，非常苦恼。而他的老师们没有给他答案。道元对比叡山感到失望，他来到荣西的寺院，想向他学禅。遗憾的是，荣西年事已高，在道元来后不久便去世了，没有能够直接教导他。后来，道元又前往中国学禅，终于有了廾悟的体验，获得了印可。而他得到的答案，便是"坐禅"。

所谓"坐禅"，简单来说就是"不要胡思乱想，好好坐下"。

"什么是佛？"

"坐下。"

"有人说，人天生是佛？"

"闭嘴，坐下！"

一点多余的话都不说，就连"坐下就能懂"都不提。总之就是坐下。道元掌握的答案，就是这个。

他所烦恼的问题，本来就不是思考能解决的问题。而且越是思考，越陷得深，最终无法脱身。

要理解这一点，请想象如下状况：

有个人的理解能力很差。有一天，他忽然发现，只要用他最喜欢看的机器人动画片《高达》来比喻，他就能很轻松地理解许多事情。也就是说，只要把复杂的事情用自己心中的"特定形态"（符号）加以类比，将之简化，他就能够理解。这确实是很实用的方法。

但是——

"不好意思，你的话太难了，能不能用'高达'打个比方讲给我听？哦，哦，原来如此。也就是说，用'高达'来比喻的话，就像是第一次乘坐'高达'，为它的优越性能感到惊奇一样，是吧？"

由于这种方式非常实用，所以不知不觉，他就完全习惯用这种方式去理解事物了。造成的结果是，他产生了一种近乎病态的观念，认为"凡事都能用'高达'类比理解，凡事也只能通过'高达'类比理解"。（顺便说一句，如果你不知道《高达》是什么，那么换成任何一个你熟悉的动漫，比如《哆啦A梦》或者别的都行。）

这个人的病态观点，让他的朋友实在看不下去，决定劝劝他。朋友想让他知道，要理解事物，除了"高达"之外，还有很多方法。

这个人自己也隐约意识到自己的异常，真心希望摆脱这样的状态。

他认真倾听朋友的话，陷入深深的思考。过了一段时间，他来找朋友，说自己已经懂了。

"感谢你的指点，我已经明白你说的意思了。凡事除了用'高达'比喻之外，还有其他的理解方式，对吧？也就是说，如果用'高达'来比喻的话……就是这样，对吧？"

朋友目瞪口呆。

"错了，错了，不是这样的！"

"不，我真的已经明白了。就是说不能总用'高达'比喻，不是吗？这一点如果用'高达'比喻的话……"

这个人委实病得不轻。因为他已习惯了这样，就像是习惯了呼吸一样，用"高达"比喻，已经成为无意识的行为了。所以他才会用"高达"的比喻来理解"不能只用'高达'来比喻，不能执着于'高达'的比喻"。

于是，不管他怎么思考，都不可能抵达他想达到的"理解"之境界。

"'用"高达"做比喻',是一种什么情况？"

对于这个本质性问题，也许这个人会认为，"就是希望能在深入思考之后理解"。实际上，他的所作所为，仅仅是在重复"用'高达'比喻'用"高达"比喻'"的这一情况而已。

可以说，他只是把自己关在自己建立的监牢里，原地转圈，根本没有任何建设性可言。就算他再思考十年，还是无法理解"用'高达'比喻"，也无法摆脱"用'高达'比喻"。

如果他真的想要理解这样的情况，想从这样的束缚中挣脱，就不能再用"高达"比喻，必须先摆脱这种毫无建设性的怪圈。但是，不能用话语去说服他，否则他又会用"高达"去做比喻。要摆脱这个怪圈，只有采用思考之外的方式才行。

大体上，有三种方式达到这个目标：

第一种，干脆什么事都用"高达"做比喻，一直做到他自己都开始厌烦为止。

第二种，用惊吓疗法，比如突然大喝、突然打他、突然抓住他的领口怒斥他，创造出"没有时间用'高达'做比喻的紧急情况"，强迫他"不用'高达'做比喻的方式去理解事物"。

第三种，则是道元的方法："只管坐好，安心观察自己头脑中浮现的念头。"

释迦牟尼便是坐在菩提树下开悟的。所以从某种意义上说，这才是最合适的方法。

据说，释迦牟尼坐在菩提树下的时候，许多妖魔蜂拥而至，想尽办法引诱他。当然，那些都是释迦牟尼的幻想。

"……开悟之前，最后享受一次……"

"不行，不能想那种事！一定要回归虚无！"

"如果能够开悟，就可以向众人炫耀了。"

"不对！不能想那种事！"

追求开悟的人，坐禅的时候大约都会冒出这类妄想。越是想"不可以去想"，就越会冒出一些世俗的念头。这是人之常情。

坐禅就是要完全无视那些念头。不管什么念头，都不要去搭理。

"快下手，快点杀了他！"

就算浮现出这样的念头，也不用理会。

"无视脑海中浮现出的所谓好想法。"

"无视脑海中浮现出的所谓坏想法。"

"无视脑海中浮现出的不可执着于想法的想法。"

彻底无视。就像看电影一样，把纷至沓来的念头全当作他人的事情。不管发生什么，只要静静看着它发生就好。

重点在于，要意识到自己有这样一种"把凡事都看作问题"的习惯，并且要逐渐减少这样做的次数。

所谓思考，本来只是一种生存工具，它能有效地"解决问题"。遇到问题，只要交给思考，它就会积极发挥作用。

"这么做会有什么结果？"

"脑海里浮现的是什么想法？"

"接下来要做什么？"

诸如此类的"问题"，都是思考的食粮，是催生出下一次思考的动力。反过来说，如果没有"需要思考的问题"，那么思考就会失去它的价值，不再成为工具。

所以，要停止思考，正确的做法不是去想"思考啊，你快停止吧"，而是不要把自己身上发生的思考"看作问题"。要视若无睹，逐渐减少引发思考的"问题"，这样才有可能消除思考出现的契机。

思考一旦失去契机，就会逐渐丧失自身的效用。就像是只要什么都不做，灰尘总会慢慢落回地面一样。纷繁的思考，也终会平静下来。

——而那一刹那也就随之到来。

彼

在古印度哲学家建立的《奥义书》哲学中，有一句著名的格言，出自耶若婆佉的老师乌达拉卡·阿鲁尼。据说，这句话代表了《奥义书》哲学的精髓：

汝即彼。（tat tvam asi）

这是最伟大的格言，完美地呈现了东方哲学的真理。古今中外的智者，都对这句话赞不绝口。这是因为，阿鲁尼并没有说，"布拉曼（终极真理）就是你/无/整体/一"等等，而是用"彼"来指称。

换句话说，东方哲学中所说的"真理"（佛、道、开悟），唯有通过"彼（那个）"所代表的体验才能理解。

所以，不能用思考，而要用坐禅的方式才行。思考绝对抵达不了"彼"的境界，所以道元强烈推荐坐禅。

> 认识自己的光明，就是体验成佛（觉醒）。到了那个境界，就知道世界即自我，自我即世界。谁也无法逃离。（《正法眼藏》）

总之，只要没有体验过"彼"（开悟、觉醒），就谈不上开始。而等体验过"彼"之后，一切便结束了。体验过"彼"的人，就抵达了"一切问题都已解决"的境地。

但是，人们必然会产生误解。他们一定会把"彼"替换成某种特定的词。

"也就是说，抵达无分别智、不再做出区分的境地，就是成佛，对吧？"

"也就是说，思考不能抵达开悟，只能依靠体验，对吧？"

他们会用这些说法去解释，将之化作自己思考的一环，以为这样就能理解自己从未体验过的"彼"。

"所以，用'高达'做比喻的话，就是……"

无论他们采用如何精彩的说法，都绝对不是"彼"。无论使用多少话语，进行多少思考，都绝对无法抵达"彼"。

然而，我们总以为任何事情都能用"高达"做比喻，都能用思考（语言、逻辑、道理）去理解。

所以，我们很容易犯下愚蠢的错误：

用思考（语言）来表现无法用思考（语言）来表现的东西，还自以为自己理解了。

这种做法只是在浪费时间。我们应当尽快停止这种毫无意义的行为。

要停止，则需要超越。

有一个著名的禅宗故事——"瓶中之鹅"——刚好表达了这种超越。

夜里，禅宗高僧突然起床，把弟子们都叫来。

"我刚才做了一个梦，谁能帮我解答一下！"

他的梦是这样的：

瓶子里有个鹅蛋孵化出了小鹅。如果置之不理，小鹅就会死掉；但鹅的体形又大到没办法从瓶子里出来，要想救它，就必须打破瓶子。可是这个瓶子十分贵重，让人舍不得打碎它。

"你们说，我到底该怎么办？"

说完这番话，老师仿佛精神失常一样，开始殴打弟子们。

弟子们拼命思考有什么办法，但是怎么也想不出好办法。要取出鹅，就只能打破瓶子，可是不允许打破瓶子；而不打破瓶子，小鹅又会死掉；不让小鹅死，必须打破瓶子……

结果只能这样一直兜圈子，无法在救出鹅的同时保持瓶子完好。

但老师可不允许弟子找不到答案，他一个劲地殴打弟子们。"你们快点给我想个办法！"

这时候，有个弟子突然叫了一声："鹅已经出来了！"

听到这个答案，老师终于满意了。他选择这个弟子继承他的衣钵。

这个故事表达的意思是，禅并不在乎问题的逻辑性。禅只是要破坏问题、要革命、要超越。禅不是分析问题、解释问题，而是要"超越问题、直接体验答案"。

"汝即彼！"

"人天生就是佛！"

于是，又过了一些日子，那个原本只会用"高达"做比喻的人，又来找朋友，告诉他们自己理解的境界：

"我就是'高达'！"

朋友们纷纷祝福他。

他的"病"好了。

超越开悟

《十牛图》

这本东方哲学的入门书，终于要结束了。虽然本书的内容并非日本哲学，但我还是想用最能表现"禅"的《十牛图》，作为本书的结尾。

开悟的过程

所谓《十牛图》，是一组画集，它以图画的形式表现了禅的"开悟过程"。图画的内容组成了一个故事，从牧童找"牛"开始，依次展现他发现牛、抓住牛、把牛带回去的整个过程。这里的"牛"，就是代表东方哲学中的终极境界，也就是"真正的自我""真理""开悟"等等。

《十牛图》尝试用图像（直觉）而非语言（逻辑）来表现禅，所以这里就不对每幅图进行详细解说了。各位如果已经仔细看过前面的内容，应该能够大致看出它在讲什么。

第一图　寻牛

立志找牛

第二图　见迹

发现牛的踪迹

第三图　见牛

看到牛的样子

第四图　得牛

奋力抓牛

第五图　牧牛

驯服牛

第六图　骑牛归家

骑着牛踏上归途

第七图　忘牛存人

牛不见了

第八图　人牛俱忘

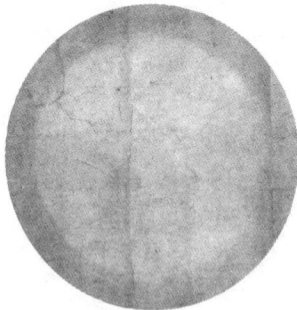

牧童不见了，只剩空白

空白中诞生出自然

回到人类世界，向
牧童伸出手

那么本章要说什么呢？不是介绍每张图的内容，而是介绍《十牛图》的精华，也就是"核心内容"。

《十牛图》最重要的核心是什么？就是"追加了第九图和第十图"。

《十牛图》本来没有第九图"返本归源"和第十图"入廛垂手"，只到第八图"人牛俱忘"为止，代表一切都彻底消失的世界。

但是，有位名叫廓庵的禅师，加上了第九图和第十图。如今我们通常看到的《十牛图》，都是廓庵的版本。

廓庵为什么要加上第九图和第十图呢？

第八图表达的是"释迦牟尼的开悟"，即"梵我合一"

"道"。这是东方哲学的终点,是最高境界,一切到此为止。

但是,禅(廓庵)在最高境界之后再进一步。也就是说,禅并不将第八图(释迦牟尼的开悟)视为最终境界,而是认为抵达那种境界的人,应该再前进到下一个境界"返本还源"。至于"返本还源"这个境界,就是"再度归来"的意思。

本来已经抵达无境界的牧童,再次进行区分,放弃艰难抵达的开悟境界,回到原来的世界,也就是回到特定文化或者价值观中产生区分的日常世界。

然后牧童将抵达最终境界,第十图"入廛垂手"。

他出门去喝佛教禁止的酒,又去吃鱼吃肉,过着快乐的生活。有时候他也会遇到和以前的自己一样寻找牛的牧童,但他没有摆出"我已经开悟了"的态度教导对方,只是单纯享受与对方的相遇。他就生活在这样的境界里。

那就是第九图和第十图的境界。

这里有一点非常重要:在第十图中,并没有把已经找到牛回到家的牧童,画成非常了不起的开悟的圣人,而是画成一个颇为邋遢的乐观之人。

他一点也不神秘,也没有什么威严。这是因为,禅宗认为,做一个纯粹的乐观之人,其境界要高于第八图的开悟、无我、梵我合一的境界。

之所以会加上第九图和第十图,想必是受到孔子那种享受人生的儒教思想以及老庄思想(做一个淳朴的自由人,好过有威严的精英）的影响吧。所以我们可以得出如下结论：

印度的东方哲学只有第一图到第八图。

中国的东方哲学只有第八图到第十图。

而禅则是两者相加的第一图到第十图。

也就是说，禅在东方哲学的历史上掀起了一场革命，促进了东方哲学的长足发展。《十牛图》则是展现了禅之精神的作品，流传至今。

开悟之后

《十牛图》还告诉我们另一件重要的事：

开悟之后，什么都没有变，和普通人没什么不同。

对许多高僧影响很大的庄子，曾经在自己的书里写过这样一个故事，故事里还有孔子出场：

有一次，孔子的弟子子贡遇到一位正在劳作的老农。那老农爬进井里打水，又爬出井口，到田里浇水。他一直用这种毫无效率的方式劳作。子贡看到这一幕，就建议老农说：

"老大爷，这世上有一种方便的木头工具，用上它，你在井口按下去，就能轻轻松松把水打上来了。"

听到这话，老农先是显得有点生气，然后又露出怜悯的神色，笑着说：

"那种工具我当然知道。但有了工具，就会变得依赖它，我们生而有之的无为境界，不就因此消失了吗？我不是不知道那种工具，而是不想堕落，所以不用。"

老农的话让子贡自惭形秽，他不知道如何回话，只好低头不语。

过了一会儿，老农问子贡：

"对了，你是谁？"

"我是孔子的弟子。"

"孔子？哦，所以你也是那种装作学识渊博、以圣人自居、到处沽名钓誉的人啊。你听好了，所谓道，就是要舍弃那样的小聪明，才能体会得到。在谈论天下大事的余暇里，还是要抽出点时间反省自己。好了，走开走开，你妨碍我劳作了。"

子贡脸色苍白地起身离去，回到孔子那里，把刚才和老农的对话说给孔子听。

"我遇到了一个了不起的人！他达到了无为无心的境界，还有与生俱来的心。不做作、无心功名，不受世间各种俗事的影响。说到有德的圣人，大约就是他那样的人吧！"

子贡兴奋地说完，孔子却冷冷地说：

"你错了。那个老农只是自以为得道而已。他只知其一，不知其二。他的内心或许平静，但对外界一无所知。如果他真的到了无为无心的境界，就应该会成为一个游戏人间的人，不会做出任何让你惊讶的事情。真正得道的人，不是你我能够分辨出来的。"

正如这个故事所说，如果一个人故意把道拿出来"做一些不同寻常的事"，那么他就只是个自以为得道的人，并不是真正得道。庄子借孔子的口指出这一点，同时也说，真正得道的人，看起来和普通人没有分别。

其实，无论是得道还是开悟，都不会也不该发生什么不同寻常的事。因为身体只不过是细胞组成的机器，并不会因为自己的开悟，就在功能或者形态上产生多大差别，比如突然长高或者突然变聪明等等。开悟的人还是会和往常一样，解决不了往常因能力不足而无法解决的问题；大脑也会一如既往，在机械活动中分泌化学物质，发出各种情绪的信号。如果以为开悟之后便会发生什么不同寻常的事，那不就等于说，开悟之后，家里的冰箱能把果汁弄得更冰，电视画面能比以前更加清晰吗？

事实上，释迦牟尼也好、老子也好，如果让他们躺到手术台上，用物理手段控制他们的大脑，那么不管他们有没有开悟，大脑都会随着人为的操控而运转。另外，人的大脑如果分泌某种特定的化学物质，就会像小鸟那样东张西望，怎么也停不下来。不管是释迦牟尼还是老子，只要给他们注射药物，形成同样的化学环境，他们也会展现出同样浮躁的态度吧。集中精神、冷静处事，其实都是大脑的物理功能，并不是因为"心"的

301

平静而冷静的。

说到底，物理因素决定的状态，就一定会是那样的状态。

将要发生的事，一定会发生。

就像是吃了腐败的食物，肚子就会痛；切断视神经，眼睛就看不见；注射化学物质、阻碍大脑分泌神经传导物质，就无法进行逻辑思考。这些都是人体的物理特性，不管是释迦牟尼还是别的什么人，都是这样的。

不过，这种肉体上的事情，其实并没有什么关系。开悟的人不会在意这些事情。大脑这种有用的工具或许会觉得"不，我不要那样"，但开悟的人只会任凭大脑这么去想。

所以说，开悟的人和我们普通人相比，在日常生活方式上，其实并没有什么不同。

开悟的人会和我们一样思考、一样烦恼、一样失败、一样苦闷，在外表上看不出任何差异。

即使如此，开悟的人和未开悟的人，还是有着很大差别。

差别在于，开悟的人理解这个真理：日常生活中的事情，或者思考活动，完全无法触及自我。所以，他们会任由该发生的事情发生，任由身体自己去动，任由大脑自己去想。因为，不管上映的是什么"电影"，都无法伤害"观众"。他们理解这一点。

而他们的理解，绝不是他人所能理解的。

你看到苹果，产生出名为红色的独特体验（视觉印象、质感、感受），究竟是怎样的？先不说这个问题，首先你到底是不是真有这样的体验，他人也无从得知。同样，你的"开悟"，也是他人无从得知的。反过来说，他人有没有开悟，你也无从得知。

总之，我们既无法向他人证明"彼"，他人也无法向我们证明"彼"。所以，"我最强"这一点，只要我自己知道就行了。天上地下唯我独尊，也就是史上最强。

此外，懂得"彼"的人，无论发生什么，都会如实感受发生的事，用心体验"彼"。身体动了，就让它继续动下去。自己就这样率性地在普通人中生活下去。

有位高僧开悟的时候，身边的人曾这样问他：

"开悟是怎样的？发生了什么事？你开悟后做了什么？"

那位高僧如此回答：

"没有什么特别的变化。我只是泡了一杯茶。因为我想在'饮茶'提神之后，仔细品味这一刻的生活。除此之外，还有什么可做的呢？"

"饮茶"这个笔名，就出自这个故事。

结束语

再进一步，超越东方哲学

"东方哲学为什么要不断往东呢？"
"当然是为了与你（读者）相遇啊！"

我虽然在本书开头这样说过，但或许会有人认为，"不，饮茶先生，这不可能吧。"

我并没有在开玩笑。

我在本书开头也说过，"理解东方哲学是一种奇迹"，不过我认为那种奇迹是有可能发生的。因为，这样的奇迹已经发生了。

在两千五百多年前，或者更早以前，古代印度便发现了真理。由于真理十分精妙，无法用语言表达，所以屡屡遭到大众误解，最终失传。但火种并没有熄灭，它依然在许多人手中向东方传递，最终抵达东方的这里，交到了你（读者）的手上。这不是奇迹，还能是什么呢？

这样的奇迹已经发生了。既然如此，当然也有百分之百的可能性发生另一种奇迹：你也理解了释迦牟尼和老子所说的，"值得人类骄傲的少数觉醒者"才能懂得的真理。

不过，我们不能满足于这点小小的奇迹，不能仅仅因为理解了释迦牟尼和老子的哲学就感到满足。

因为在东方哲学的入门书中，总会有这样的说法：

"西方哲学的逻辑思维方式，建立起了物质社会与经济社会，进而形成了一个物质丰富的世界；与此同时，也带来了环境破坏、经济停滞、道德沦丧等各种问题。在这样的大环境下，我们应当纠正西方的思维方式，重新领略东方的智慧。"

不过，我个人并不这么认为。东方哲学如果真的那么有效，从东方哲学中诞生的各个国家，应该早就成为极乐净土了。事实并非如此。印度至今还保留着种姓制度；中国历史上也多次发生灭佛之事。就连东方哲学的发源地都是如此，可见并不是接纳了东方哲学，就能成为天堂。

就结果而言，由于历史上缺少明确的"结果"，应该说，东方哲学还有改进的余地吧。

说起来，就连不断向东、经过千锤百炼的、堪称东方哲学之精华的"禅"，也不能说没有任何问题。包括"禅"在内的许多东方哲学，都是基于所谓的"方便"（谎言）。而"方便"这种办法，基本上都是以对方的无知为前提，才能生效的方法。

以前没有互联网，知识只掌握在一小部分人手里。正因为如此，想要学习的人，必须离家千里，寻找"掌握知识的人"（老师）。正因为要花费一番心血才能找到老师，所以弟子会无条件地接受老师给出的"方便"（谎言）。因为，他们没有别的渠道获取信息，也没有别的选择。

弟子向老师恳求说，"请教我A"，老师却说，"你去做C"，让弟子去做完全无关的事，弟子也只能乖乖照做。

"上蜡……除蜡……上蜡……除蜡……上蜡……除蜡……唉，做这种事到底有什么意义呢？"

就连这种乍看上去毫无意义的事情，弟子都能花费五年、十年，将人生耗费在这上面。正因为在这么漫长的时间里，弟子什么都不去想，专心致志去做这种没有意义的事，才得以在强烈的"体验"中，产生"懂了"的瞬间。

"原来如此！老师一直让我做的事情，原来是这个用意！"

现在情况不同了。通过互联网可以随时获取知识，还能选择不同的老师，并且比较老师之间的差异。就连禅宗公案，都能在网络上查到，还能查到各种参考解答。"禅宗公案的目的是这样的""还有这样的公案"，诸如此类。我们轻易就能获知公案的意图，因而公案这种方法也就不再像过去那么有效了。

坐禅也是如此。在实际坐禅前，人们就已经知道为什么要坐禅了。由于已经有了先入为主的观念，坐禅所追求的"体验"也就难以产生。

可以说，网络上的公开知识，还有像本书这样的入门书籍，其实都是在破坏东方哲学。

不过，我想说的并不是"东方哲学已经不行了"，而是想说，正因如此，佛学、老庄思想、禅宗，必须不断进步。

对于生长于信息时代的我们来说，东方哲学既有的"方便"，已经无法像"刚刚走出黑白屋子"那样有效了。所以我们必须超越释迦牟尼、老子、道元的东方哲学，继续前进。

而且，释迦牟尼等人的东方哲学，之所以会不约而同来到日本这片土地上，背后其实有着很重要的原因。因为，日本既是东方，又是相当西方化的地方，东西方的哲学、文化、思想融会交错，成为一个混沌之地。在这样一个可以说是"哲学思想实验室"的独特地方，东方哲学能够传播而来，背后必定有其特殊含义。

我再问一遍："东方哲学为什么要不断往东呢？"

是为了明白什么叫"失败"，是为了与超越释迦牟尼、老子等金字塔顶端的另一个顶端相遇。我期望的是，你（读者）来让他们尝到失败的滋味。

一定有某种思想，是在东方与西方哲学相会的这里才会诞生的。只要不断追求那种只有在这个地方、这个时代才能诞生的"某种必然产物"，就足够了。

历史就是如此不断前进的。也许在百年之后，下个世纪的人类，会在那个时代的哲学入门书中，看到我们现在这个时代的内容。他们也许会发现一些通俗易懂的讲解，看到一些在他们看来理所当然的历史发展。他们也许会说，"因为那个时代的那个地方有那样的情况……所以，自然产生了那样的哲学啊"。

最后，我期望读完全书的你，能够为了追求"史上最强的哲学"而加入这场战斗。

就此搁笔。

感谢《刃牙》的作者板垣惠介老师在本书的写作过程中给予的大力支持。

我之所以写作本书，起因是板垣老师向出版社说，"《了不起的哲学家》很好，不写第二本吗？"如果没有板垣老师的美言，不会有这本书的诞生。另外，与板垣老师聚餐时，老师讲了许多《刃牙》等作品相关的珍贵内幕，那是我终生难忘的回忆。第二天，板垣老师还特意来电表示那顿饭吃得很愉快，让我无比开心。

最后，谨将本书献给最爱的三子与烈海王[1]。

1　烈海王，漫画《刃牙》系列中的人物，是有着"海王"称号的中国拳法家。

图书在版编目（CIP）数据

了不起的哲学家 . 2 /（日）饮茶著；丁丁虫译 . --
北京：北京联合出版公司，2020.7（2020.11 重印）
ISBN 978-7-5596-4169-4

Ⅰ . ①了… Ⅱ . ①饮… ②丁… Ⅲ . ①哲学—通俗读
物 Ⅳ . ① B-49

中国版本图书馆 CIP 数据核字（2020）第 058690 号

北京市版权局著作权合同登记　图字：01-2020-0748

Original Japanese title: SHIJOU SAIKYOU NO TETSUGAKUNYUMON TOYO NO TETSUJIN TACHI
Copyright © 2016 Yamucha
Original Japanese edition published by KAWADE SHOBO SHINSHA Ltd. Publishers
Simplified Chinese translation rights arranged with KAWADE SHOBO SHINSHA Ltd. Publishers
through The English Agency (Japan) Ltd. and Eric Yang Agency, Beijing Office

了不起的哲学家 . 2

作　　者：（日）饮茶
译　　者：丁丁虫
责任编辑：孙志文
装帧设计：✗ tantian.me

北京联合出版公司出版
（北京市西城区德外大街 83 号 9 层　100088）
河北鹏润印刷有限公司印刷　新华书店经销
字数 190 千字　840 毫米 × 1194 毫米　1/32　10 印张
2020 年 7 月第 1 版　2020 年 11 月第 2 次印刷
ISBN 978-7-5596-4169-4
定价：58.00 元